1%를 읽는 힘

세상의 정보를 연결해서 기회를 포착하는 생각 혁신

1%를 읽는 힘

메르 지음

TORNADO
토네이도

프롤로그

2020년 이후 주식시장에 뛰어든 사람들이 많다. 주식시장에 막대한 유동성이 풀리면서 주가지수가 반등하며 연이어 올랐고, 수익을 맛본 투자자들은 이것이 자기 실력이라고 생각했다.

그러나 2022년부터 미국이 금리를 올리면서, 이때 얻은 수익보다 훨씬 큰돈을 잃은 투자자들도 적지 않을 것이다. 누군가는 시장을 떠났고, 누군가는 공부의 필요성을 절실하게 느꼈다. 후자라면 이런 점들이 궁금할 것이다.

최고의 투자자들은 무엇을 투자의 지표로 삼을까?

시장을 보는 눈은 어떻게 키워야 할까?

쓸 만한 정보는 어디에서 찾을까?

기업의 가치를 판단할 때 무엇을 봐야 할까?

이 책은 이 질문들에 대한 답을 찾는 데 유용한 힌트가 될 것이다. 예를 들어 기상이변이 심해서 작물 수확량이 줄어들었다는 기사가 나왔다. 가장 먼저 떠오르는 생각은 '곡물가격이 오르겠구나'일 것이다.

투자자가 기상이변으로 곡물가격이 올라갈 수 있겠다는 예상만으로 수익을 올리기는 쉽지 않다. 누군가의 손해가 내 이익이 되는 제로섬 게임 같은 투자 시장에서 누구나 쉽게 예상할 수 있는 정도의 접근법은 큰 무기가 되기 힘들다는 의미다.

수익을 올리기 위해서는 남들보다 몇 단계를 더 생각하는 습관이 필요하다. 곡물가격이 올라가면 인플레이션을 자극할 것이다. 인플레이션이 심한 나라 중에 곡물 수입 비중이 높은 나라는 다른 나라보다 그 영향이 클 것이다.

예를 들면 이집트다. 이집트는 곡물 수입을 많이 하고 있고, 현재도 인플레이션으로 큰 고충을 겪고 있다. 인플레이션이 심한 나라에서는 가치보존 수단으로 금을 많이 활용한다. '금에 대한 수요가 늘어나서 금값을 자극할 수 있겠구나'까지 생각할 수 있으면, 투자의 세계에 조금 더 다가선 것이다.

이처럼 세상은 연결되어 있다. 세상을 연결해서 보면, 지금까지와 다른 세상이 보이기 시작한다. 이 책은 세상을 연결해서 보는 시각들을 모아서 구성했다.

1장에서는 기존 시각과 다른 새로운 해석을 해볼 수 있도록 구성했다. 왜 반도체를 패권 국가 경쟁의 핵심키라고 하는지, 2차 전지가 그토록 화제가 되고 있는지, 희토류는 세상을 어떻게 바꾸고 있는지 등에 대해 다루고 있다.

2장에서는 관점을 바꿔 세상을 다르게 보고, 그 속에서 기회를 찾을 수 있게 정리했다. 미국이 과거와 달리 이기적으로 바뀐 이유를 알 수 있고, 미국이 금리를 빠르게 올려도 일본이 따라서 올리지 못하는 내막이 들어 있다.

3장에서는 경제 흐름이 투자와 어떻게 연결되는지 보여준다. 포트폴리오 관리가 왜 중요하고, 환율이 움직이는 단계와 장단기 금리가 바뀌면 어떻게 투자에 영향을 주는지 감을 잡을 수 있게 된다.

4장에서는 3장의 내용을 한 단계 더 깊게 들어가 흐름을 연결시켜 투자기회로 만드는 구체적인 방안을 설명한다. 기후변화가 어떤 투자기회를 가져오고, 신재생에너지가 어떤 미래를 가져오는지에 대한 거시적 내용뿐만 아니라, 달걀 가격 하나에도 숨어 있는 글로벌 경제구조의 감을 잡는 파트가 될 것이다.

5장은 복잡한 세상 속에 숨어 있는 진짜 정보를 찾고 내 것으로 만드는 방법에 대해 안내한다. 나만의 정보를 얻는 방법과 투자 전략을 세우는 방법에 대해 정리했다.

나는 학자는 아니다. 큰돈이 움직이는 곳에서 투자를 승인하고, 위험관리를 하면서 실전을 겪어 왔다. 이런 실무 경험과 정보 검토 및 선별, 거시적인 경제 흐름을 연결해서 보는 노력이 합쳐져 하나의 새로운 시각을 만들 수 있었다.

투자만이 전부가 아니다. 세상의 흐름을 읽고, 내 일상에 깨달음을 적용할 수 있다면 훨씬 더 많은 기회를 얻고 성공을 앞당길 수 있다.

이 책은 같은 정보를 접해도 남들과 다르게 해석할 수 있는 나만의 관점을 만들 수 있도록 도와주고, 투자의 선택 방향이 놀랍도록 다양하다는 사실을 깨닫게 해줄 것이다.

정보의 질도 중요하지만, 정보의 질만큼이나 중요한 것이 정보를 다른 시각으로 바라보고 정리할 수 있는 능력이다. 세상의 정보를 그대로 받아들이지 않고, 행간을 해석해 내 것으로 만들 수 있는 사람은 살아남을 것이다.

세상을 연결해서 보는 역량을 키워 새로운 시각으로 세상을 다르게 해석하는 '1%를 읽는 힘'을 가진 동료들이 많아졌으면 한다.

– 메르

목차

1장

오래된 시각과
새로운 해석

01
반도체는
패권 국가 경쟁의 핵심키

'란체스터 전략'이라는 것이 있다. 영국의 항공공학자 프레더릭 윌리엄 란체스터Frederick William Lanchester가 공중전을 분석해 발견한 법칙을 기반으로 하는 경영 전략이다. 란체스터 전략의 핵심은 '수적으로 우세한 쪽과 열세인 쪽의 실제 전력 차이는 수적 차이보다 훨씬 크다'는 것이다. 성능이 같은 아군 전투기 5대와 적군 전투기 3대가 공중전을 벌이면 살아남는 아군 전투기는 5-3=2대가 아니라, $\sqrt{5^2-3^2}$ =4대라는 이론이다.

대만의 TSMC는 파운드리(반도체 제조 전담)만 하는 회사이고, 삼성전자는 메모리 분야에서 SK하이닉스와 스마트폰 분야에서는 애플과 경쟁하는 종합 전자 회사다. 삼성전자는 다양한 영역에서 세계 최고를 다투는 대단한 종합 전력을 가지고 있지만, 파운드리라는 국지전만 보면 TSMC 대비 집중도의 차이는 어쩔 수 없고, 란체스터 전략의 시각으로 보면 그 차이는 생각보다 더 큰 것이다.

투자 부분도 비슷하다. TSMC는 추격하는 삼성을 따돌리기 위해 삼성이 투자한 금액보다 더 큰 규모의 투자를 집행하고 있다. 문제는 TSMC의 경우 비非 메모리 시장의 50% 이상 점유율에서 나오는 막대한 수익금을 투자로 돌리면 그만이지만, 삼성 파운드리는 메모리 사업부, 가전, 통신 사업부의 영업이익까지 당겨 투자 규모를 따라가고 있다는 점이다.

삼성전자는 언제까지나 다른 사업부의 이익을 떼올 수 없기 때문에 빨리 기술 격차를 따라잡아야 하는 상황이라, 메모리 반도체 가격이 하락해 이 분야의 적자가 나면 더 마음이 급해지는 것이다.

그래서 삼성은 파운드리 분야에 전략을 세웠다. '당장의 수익은 일부 포기하고 오로지 기술 우위만을 추구한다'는 전략이다. 공정 개발 후 양산해 수익을 누리는 기간을 짧게 잡고, 지체 없이 바로 다음 공정 개발에 착수하는 것이다. TSMC는 돈을 벌면서 여기까지 왔다는 이야기이고, 삼성은 허리띠를 꽉 조여 풀베팅Full Betting을 해서 여기까지 왔다는 차이가 있다.

삼성은 기술 우위 전략으로 한 방을 노렸다. 인공지능AI 반도체에 최적화된 신기술 게이트올어라운드GAA 공정을 3나노에서 조기 도입한 것이다. TSMC는 GAA를 2025년경으로 예상하는 2나노부터 도입하기 때문에, 삼성전자는 2022년 3나노에 GAA를 조기 도입해 기술 우위의 전환을 기대했다.

중국을 견제하는 미국

반도체는 미국이 세계 패권 국가 유지의 핵심으로 여기는 산업이다. 산업혁명이 일어날 때마다 패권 국가가 바뀌었다. 4차 산업혁명을 이끌 산업으로 '로봇, AI, 드론, 자율주행 전기차' 등을 꼽는다. 미국은 이러한 산업의 기반이 되는 핵심 영역을 '정밀기계 기초기술 및 부품산업, 5G(5세대 이동통신)와 반도체'로 보고 있는 듯하다.

정밀기계와 부품산업은 미국의 우방국인 일본, 독일이 가장 앞서 있어 관리할 수 있다. 5G는 중국 기업 화웨이를 잡아 시간을 벌었기에 이제 남은 것은 반도체다. 반도체 중에서도 설계는 미국 기업이 앞서 나가고 있으며, 미국이 보유한 특허가 많아 관리할 수 있지만, 제조공장이 없는 것이 문제였다. 미국은 부가가치가 높아 돈이 되는 설계 위주로 역량을 발전시키고 제조업을 등한시한 것이다.

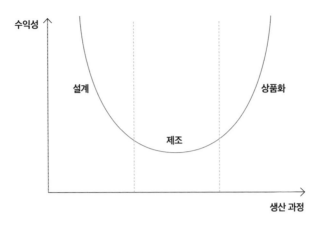

스마일 커브 그래프

영업이익률을 나타내는 그래프 중 '스마일 커브Smile Curve'가 있다. 설계, 제조, 상품화 순에서 제조 영업이익률이 가장 낮다.

그러나 반도체는 설계 회사가 가장 돈을 많이 벌고, 그다음은 반도체 제조사, 마지막은 상품화를 시키는 패키징 회사 순으로 영업이익률이 낮아지는 구조다. 패키징은 노동력이 중요해서 중국이 많이 했고, 미국은 이것을 받아 와서 엔비디아NVIDIA나 인텔 같은 업체들이 상품화해 판매했다. 문제는 중국의 패키징 기업들이 제조까지 하겠다고 나서면서, 회사 인수와 해킹 등으로 빠르게 설계 분야까지 따라오는 상황이 된 것이다.

과거의 반도체 생산은 발전 속도가 워낙 빨라 후발주자가 따라가기 힘들었다. 하지만 기술이 성숙기에 접어들면서 발전 속도가 정체되다 보니, 장비와 돈만 있으면 후발주자가 따라잡을 수 있을 만한 여건이 마련된 것이다.

중국이 반도체 생산기술을 따라잡기 위해 꼭 필요한 장비는 노광기 중에서도 '최첨단 노광기'다. 나노미터(nm, 10억 분의 1m)로 경쟁하는 초미세 회로를 새겨 넣으려면 파장이 극도로 짧은 빛을 쏘아야 하는데, 네덜란드의 세계 최대 노광 장비 업체 ASML은 파장이 13.5nm에 불과한 EUV(극자외선)를 쏠 수 있는 장비를 세계 최초로 상용화했고, 세계에서 유일하게 생산하기 시작했다. 최첨단 노광기는 진공 상태에서 빠르게 움직이는 미세한 주석 알갱이를 레이저로 쏴 맞춰 플라스마 상태로 만드는 일을 초당 5만 번이나 하는 기계다.

네덜란드의 노광 장비 기술도 중요하지만, 빛을 모아서 실리콘 칩으로 정확하게 쏘는 거울을 만들려면 최고의 광학기술이 있어야 한다. 그래서 독일의 광학기술이 필요하다. ASML이 만드는 노광기에 들어가는 부품 중 ASML이 직접 만드는 부품은 15% 정도이고, 독일의 광학기술, 미국의 레이저 광원기술과 일본의 장비, 부품이 합쳐져서 완성되는 것이다.

중국이 10나노 이하의 초정밀 반도체를 만들려면 고성능 노광기인 EUV 장비가 필요하다. 그런데 미국의 방해로 EUV 구입이 막혀 있다. EUV 장비는 미국 샌디에이고에 있는 사이머Cymer 사에서 레이저 광원을 납품하는데, 미국 대통령 조 바이든Joe Biden은 ASML의 EUV를 미국의 기술이 들어간 장비로 간주해 수출 시 미국의 동의를 얻게 만든 후 지금까지 한 건의 동의도 해주지 않은 것이다. 그래서 중국은 아직까지 1대의 최첨단 EUV 장비도 확보하지 못했다. 자체적으로 EUV 장비를 만들려면 10만 개에 달하는 노광기 부품이 필요한데, 그중 핵심 부품 제조사들이 ASML에 인수되어 ASML의 허락 없이 돈만 준다고 부품을 사올 수 없는 것이다.

삼성이 풀어야 할 숙제

현재 파운드리는 TSMC가 부동의 1강이고, 삼성전자가 1중으로 따라가고 있다. 반도체는 의사결정 하나로 어마어마한 차이가 날 수 있는 산업이다. 삼성전자는 1987년에 엔도 노부히로 일본전기 NEC, 도시바 등 일본 반도체 회사와 4메가 D램 개발 경쟁을 치열하게 진행했다. 당시 반도체 회사들은 공정을 스택Stack으로 할지 트렌치Trench로 할지 선택해야 했다. 스택은 반도체를 위로 쌓는 것이고, 트렌치는 밑으로 파내려 가는 방식이다. 일본 반도체 회사들은 스택 방식의 집적 품질이 떨어진다는 이유로 선진 기술인 트렌치 방식을 선택했다.

반면, 이건희 삼성전자 선대회장은 "트렌치는 하자가 발생하면 속수무책이지만, 스택은 아파트처럼 위로 쌓기 때문에 그 속을 볼 수 있다. 트렌치는 검증할 수 없지만 스택은 검증이 가능하다"는 이유를 들며 일본 반도체 회사와 달리 스택 방식을 택했다.

스택 방식이 트렌치보다 검증이 쉽다 보니 수율이 빠르게 올라왔고, 삼성전자는 수율로 경쟁사를 압도하는 '양산의 삼성'이 되며 일본 반도체 회사를 제치고 D램에서 압도적 강자가 되었다.

삼성전자는 2025년 2nm, 2027년 1.7nm 반도체 양산을 목표로 파운드리 생산능력을 2027년까지 현재의 3배로 늘리겠다는 계획이라 앞으로 많은 투자가 필요하다. 문제는, 메모리에서 나오는 이익으로 파운드리에 자금을 쏟아부어야 하는 삼성전자 입장에서 메모리 부문의 수익이 제대로 나오지 않으면 투자 부담이 늘어난다는 점이다.

또 다른 삼성의 문제는 아직 수율을 잡지 못하고 있는 것이다. 3나노 수율이 안 잡히자 파운드리 사업부 임원들은 이재용 회장 (당시 부회장)이 신임하는 메모리 사업부 임원들로 교체되었다. 삼성의 대응 방안은 '수율은 잡지 못했지만 양산을 시작한다'이다.

삼성 3나노의 첫 납품처는 중국 가상화폐 채굴 회사인 판세미 PanSemi였다. 비트코인 채굴용 장비를 만드는 중국 기업이라 제대로 된 납품처를 확보하지 못한 것으로 봐야 한다. 삼성은 계속 찍어 내면서 수율을 올리기 위해 엄청난 규모와 속도로 3나노 공장을 평택에 건설하고 있다.

TSMC도 3나노를 개발 중이다. TSMC는 '3나노까지는 Fin 팻 방식으로 가능하고, GAA 팻 방식은 2025년 예정된 2나노에서 하면 된다'는 입장이다. TSMC는 3나노를 N3, N3E, N3P, N3S, N3X의 5단계로 순차 도입하겠다고 발표했다.

반도체의 성능은 보통 '밀도(크기), 속도, 전력 사용량'으로 비교한다. 삼성의 3나노는 5나노보다 크기가 35% 작아지고, 속도는 30% 빨라지며, 전력이 45% 줄어드는 데 비해서, TSMC가 연내 출시하겠다는 3나노는 크기가 13% 작아지고, 속도가 10% 빨라지며, 전력이 30% 줄어드는 정도다.

웨이저자魏哲家 TSMC 최고경영자CEO는 저성능의 3나노를 일단 출시하고, 향후 2년에 걸쳐서 N3E, N3P, N3S, N3X를 순차적으로 출시하며 단계적으로 성능을 개선하겠다고 발표했다. 밀도(크기), 성능, 전력 사용량을 모두 만족하는 3나노를 포기하는 대신 밀도, 성능, 전력 사용량 중 한두 가지를 만족하는 반도체를 높은 수율로 공급하겠다는 전략이다. TSMC의 전략도 나름 일리는 있다. 구매사들의 니즈가 각각 다르기 때문이다.

삼성전자의 3나노는 수율을 잡는 게 문제고, TSMC의 3나노는 종합 성능이 떨어지는 게 문제인 상황이다. 삼성전자가 3나노 수율을 잡는 게 빠를지, TSMC가 제대로 된 3나노를 뽑아내는 게 빠를지가 3나노 전쟁의 핵심이 될 것이다.

삼성전자는 이런 상황에서 큰 베팅을 하고 있다. TSMC는 전통적으로 주문을 받고 제조시설을 확보하는 방식을 쓰고, 삼성전자는 파운드리 제조시설을 먼저 지은 후 주문을 받는 '셀 퍼스트' 전략을 추진한다. 예상대로 주문이 따라오면 빨리 주문을 소화할 수 있지만, 주문이 없으면 공장이 멈춰 있는 '하이리스크 하이리턴(고위험 고수익)' 방식인 것이다.

삼성전자는 투자를 줄이는 TSMC와 달리, 2023년에만 50조 원 이상의 설비 투자를 했으며, 이것은 삼성전자 창립 이후 최대 수준의 설비투자 규모다. 삼성전자는 지금 돌이킬 수 없는 풀베팅을 하고 있는 것이다.

▌**메르의 인사이트**

삼성전자는 2나노를 이야기하기에 앞서, 3나노 수율을 잡는 게 중요한 시기다. 삼성전자의 미래 주가가 15만 원이 될지 5만 원이 될지를 결정하는 관건은 3나노 수율이 80%에 도달하는지 여부다. 긍정적인 내부 소식들이 들려오고 있다. 수율만 잡으면, 수요처는 저절로 따라올 것이고, 삼성전자의 풀베팅은 성공할 수 있을 듯하다.

02
전기차와 배터리 전쟁의 미래

배터리는 4가지 소재로 만들어진다. 양극재, 음극재, 분리막, 전해질이다. 이 중에서 항상 문제가 되는 소재는 양극재다. 음극재는 보통 흑연을 쓰고, 분리막이나 전해질도 흔한 소재를 사용해 큰 문제가 없지만 양극재는 그렇지 않다.

전 세계 금속의 연간 생산량을 보면 철은 21억 톤, 망간 8000만t으로 넉넉히 나오는 반면 상대적으로 리튬과 니켈, 코발트의 양은 부족하다. 니켈은 전 세계에서 연간 200만t 생산되고, 리튬은 43만t, 코발트는 14만t 정도 생산되고 있다.

니켈은 주요 수출국인 러시아가 우크라이나를 침공할 때와 같이 한 번씩 공급에 문제가 생기지만, 동남아시아에서 니켈이 많이 나와 시간이 가면 해결할 수 있는 수준이다.

코발트는 비싸고 희귀하며, 코발트 자원 보유 국가인 콩고가 내전 등으로 불안정한 데다, 중국의 영향력이 커서 문제. 코발트는 전 세계 매장량의 60~70%가 콩고에 몰려 있어 현재 생산되는 코발트는 대부분 콩고산이다.

중국이 철도, 도로 등 인프라 투자를 해주며 콩고의 코발트 광산 대부분을 가져갔다. 중국이 장악한 코발트 광산을 통해 콩고가 생산하는 코발트의 90%가 중국으로 들어가 배터리의 재료가 되는 것이다. 하지만 코발트를 줄이기 위한 연구·개발을 계속하면서 코발트 사용량이 점점 줄어들고 있어 어느 정도 수급이 안정적인 광물이다.

마지막까지 해결되지 않는 숙제가 리튬이다. 지금까지 스마트폰에 주로 리튬이 들어갔다. 스마트폰 1대당 6g의 리튬이 들어가는 정도라, 1억 대의 스마트폰을 만들어도 리튬 600t이면 생산할 수 있었다.

하지만 전기차는 다르다. 테슬라의 모델 S를 예로 들면, 1대당 63kg의 리튬이 들어간다. 테슬라에서 100만 대의 전기차를 만들면 6만t의 리튬이 필요하고, 테슬라의 2030년 판매 목표인 2000만 대를 만들려면 120만t의 리튬이 필요한 것이다. 전 세계에서 연간 생산되는 리튬이 43만t인데, 테슬라만 해도 2030년에 120만t의 리튬이 필요한 상황이다.

'리튬이 많이 필요하다면, 바닷물에도 리튬이 들어 있으니 그걸 뽑거나 리튬 광산을 좀 더 개발하면 되지 않나?'라고 생각할 수 있지만 쉽지가 않다. 현재 배터리에 쓰는 리튬의 절반 이상이 칠레, 볼리비아, 아르헨티나의 염분이 많은 호수 염호에서 생산되고 있다. 바닷물보다 만 배 가까이 리튬 함유량이 높은 호수들이다. 이 호수의 물에도 1000ppm, 즉 호수 물의 0.1% 정도밖에 리튬이 들어 있지 않다. 염호의 리튬 함유량이 이 정도인데, 염호의 만 분의 1 수준이 들어 있는 바닷물로는 수지타산에 맞게 리튬을 생산하기 어려운 것이다.

염호에서 뽑아 올린 호수물을 넓은 노지에서 1~2년간 증발시켜 리튬이 4~6% 정도 되면 공장으로 보낸다. 노지에서 2년 정도 증발을 시킨다는 의미는 비가 거의 안 와야 한다는 뜻이다. 리튬 함유량이 풍부한 염호가 있고, 비까지 거의 안 오는 지역이라는 조건을 갖추어야 리튬을 경제성 있게 생산할 수 있는 것이다. 칠레, 볼리비아, 아르헨티나에서 전 세계 리튬의 대부분이 생산되는 이유는 이 세 나라가 겹치는 삼각형 지역에 리튬이 풍부한 염호가 있고, 비도 거의 안 오기 때문이다.

'리튬을 노지에서 증발시키지 않고 공장을 지어서 추출하면 되는 게 아닌가?' 하는 질문을 할 수 있다. 공장 건설비 등 경제성도 문제지만, 리튬을 추출하는 과정에서 투입되는 화학물질에서 환경오염을 시키는 폐기물이 나와 자연 증발을 하게 된 것이다. 리튬 공급량을 쉽게 늘리기 어려운 이유다.

삼원계 배터리부터 원통형 배터리까지

지금까지 전기차 경쟁은 '1회 충전 주행거리'였다. 1회 충전 주행거리 100km대를 겨우 기록했을 때, 테슬라가 1회 충전 400km대 전기차를 생산하면서 앞서가기 시작했다. 전기차 충전소가 많지 않아 1회 충전 주행거리가 경쟁력의 가장 큰 요소가 되던 때라, 한국이 주력으로 만드는 삼원계 배터리가 중국 인산철 배터리를 압도할 수 있었다.

삼원계 배터리의 문제 중 하나가 불이 잘 나는 것이다. 이 문제를 해결하기 위해 삼원계 배터리는 셀을 모듈로 감싼 다음 몇 개의 모듈을 모아서 팩을 만드는 방식으로 안전성을 확보했다. 포장을 이중으로 해 충격을 완화한 것이다. 복잡한 방식이라 기술력이 필요했고, 이는 한국 배터리 회사의 경쟁력이 되었다.

그런데 인산철 배터리에 셀투팩CTP·Cell to Pack 기술이 개발되며 변수가 생겼다. 인산철 배터리는 삼원계 배터리의 70% 정도 성능밖에 안 나와서 주행거리가 짧은 게 한계였는데 셀투팩이 해결책이 된 것이다.

삼원계 배터리는 안전성을 확보하기 위해 셀을 모듈로 감싸고, 모듈을 다시 팩으로 감싸는 이중 포장을 했는데, 셀투팩은 모듈을 없애고 셀을 바로 팩에 포장해 모듈이 들어가는 공간에 셀을 더 넣을 수 있게 된 것이다. 성능 차이를 기능 개선으로 극복하는 게 아니라, 더 많은 배터리를 넣어서 1회 주행거리를 늘린 것이다.

인산철은 화재 위험이 적고, 셀투팩을 하면 주행거리도 삼원계 배터리에 가깝게 나왔다. 또 가격이 저렴하고 물량이 늘어도 공급문제가 적어 인산철 배터리를 보는 시각이 달라졌다. 인산철 배터리를 장착하는 경우 차량 가격을 8% 정도 낮게 책정한 점 등이 시장에서 좋은 반응을 얻으면서, 테슬라의 전체 판매 차량의 절반 정도에 인산철 배터리가 들어가기 시작했다.

다만, 인산철 배터리는 2022년 말까지 특허 부분이 중국의 발목을 잡고 있었다. 인산철 배터리 관련 특허는 노벨화학상을 수상한 미국 존 배니스터 구디너프John Bannister Goodenough 교수에게 있었다. 배터리 양산을 중국 전기차 업체 비야디BYD에 맡긴 후, BYD가 자체 개발을 발표해 구디너프 교수가 자신의 특허를 훔쳐서 만든 것이라고 특허 소송을 한 것이다. 결국 인산철 배터리는 중국

내에 돌아다니는 전기차에는 쓰고 있지만, 특허 문제 때문에 수출을 할 수 없었다.

2022년 말, 해당 특허 대부분의 효력이 만료되어 중국 인산철 배터리의 수출 봉인이 해제되면 세계 배터리 시장을 인산철이 석권하는 게 아니냐는 의문이 나올 즈음, 크고 뚱뚱한 원통형 삼원계 배터리가 등장한다. 4680 원통형 배터리다.

테슬라는 기존 모델 S와 모델 X에는 18650 원통형 배터리를 사용했고, 모델 3과 모델 Y는 21700 원통형으로 바꾼다. 18650는 지름 18mm에 길이 65mm, 21700은 지름 21mm에 길이 70mm를 뜻하며, 조금 굵어지고 길어진 배터리로 바꾼 것이다.

단순히 조금 굵어지고 길어진 것인데, 뭐 대단한 게 있냐고 하지만 일본 파나소닉은 18650을 21700으로 바꾸는 과정에서 수율을 2년간 잡지 못해 회사가 파산 위기에 처할 뻔하기도 했다. 배터리의 수율 잡기는 그만큼 힘들고 예민한 영역이다.

테슬라가 2020년 배터리데이Battery Day(배터리 산업을 분석, 전망하는 콘퍼런스)에 만들겠다고 선언한 것은 지름 46mm에 길이 80mm의 4680 배터리였다. 얇은 호일을 돌돌 말아서 만드는 방식이라 원통형이다. 18650은 60cm 길이의 호일이 말려서 원통이 되었고, 21700은 18650보다 두꺼워진 만큼 호일 길이가 80cm로 늘어난다. 4680은 많이 뚱뚱해서 호일 길이가 385cm까지 길어졌다.

원통형 배터리는 두루마리 화장지를 말듯이 호일을 말고 호일 양 끝에 양극과 음극 탭을 단다. 전자가 꼬불꼬불 말려 있는 호일을 타고 음극에서 양극으로 다녀오면 그 힘으로 모터를 돌리는데, 양극 간 거리가 18650은 60cm, 21700은 80cm에서 4680은 385cm로 더 멀어진다.

전자의 이동 경로가 길어지면 배터리의 노화도 빨라진다. 크고 뚱뚱한 배터리라 용량이 커도, 전자의 이동 경로가 길기 때문에 배터리 노화가 빨리 오는 것이 4680의 문제였다.

테슬라는 꼭지를 없애는 탭리스Tabless로 문제를 해결했다. 4680은 호일의 시작과 끝에 양극과 음극을 붙이고 호일을 돌돌 말아 건전지 위쪽에 볼록한 꼭지와 아래쪽 오목한 곳에 양극과 음극이 오게 하는 방식이 아니라, 호일의 위쪽과 아래쪽에 모두 양극과 음극을 달아버렸다. 탭리스는 탭이 없는 게 아니라 전체가 탭이라고 봐도 되는 구조다. 건전지의 위쪽 면 전체가 양극이 되고 아래쪽 면 전체가 음극이 되니, 4680의 전자 이동 경로는 385cm가 아니라 4680 높이인 8cm만 이동하면 되는 것이다.

4680은 다른 장점도 많다. LG에너지솔루션(이하 LG엔솔)에서 생산하는 파우치형 배터리는 충격에 약하기 때문에 격벽을 만들고 셀 위에 완충제를 넣은 뒤 배터리팩의 뚜껑도 만들어서 덮어야 한다. 하지만 4680은 뚱뚱한 본체로 어느 정도 하중을 받을 수 있어서, 격벽과 뚜껑을 걷어내고 배터리팩 위에 철판 하나를 깐 다음 바로 시트를 얹을 수 있다.

격벽이나 추가 배터리팩 뚜껑, 완충제 등이 들어가지 않아 더 많은 배터리를 넣거나, 더 많은 실내 공간을 만들 수 있는 것이다. 인산철 배터리가 셀투팩 기술로 추가 공간을 만들어 주행거리를 늘렸다면, 4680은 팩 자체 공간을 줄여서 셀투샤시CTC·Cell to Chassis (배터리셀을 자동차 샤시에 통합하는 기술)를 만들어 버린 것이다.

테슬라는 이 배터리를 연간 3000기가까지 생산하겠다고 발표했다. 미국 등에 배터리 공장을 계속 짓고 있는 LG엔솔의 2025년 생산목표가 500기가인 것을 감안하면 3000기가는 엄청난 규모다. 4680은 30% 정도를 테슬라가 자체 생산하고, LG엔솔, 파나소닉, 삼성SDI 등이 나머지를 채우는 식으로 공장 건설에 들어가고 있다. 이렇게 테슬라의 계획이 실현되면 인산철 특허가 풀려도 세계 시장을 장악하기는 힘들 것이다.

2022년 5월 바이든과 7월 미국 재무장관 재닛 옐런Janet Yellen이 한국에 왔다. 바이든은 삼성전자에 갔고, 옐런은 LG엔솔의 지주사인 LG화학을 방문했다. 2025년 전기차 배터리 시장이 어느 정도 결정되었기 때문이다. 2년 뒤 LG엔솔이 전기자동차 분야에서 중국 배터리 업체 CATL을 넘어서 세계 1위 매출을 올리는 배터리사가 되는 것은 예정되어 있다. 2년 뒤의 일을 어떻게 아느냐고 하지만, 전기차 배터리는 알 수 있다.

자동차 회사는 3년 정도의 시간을 주고 배터리사에 배터리를 선先 주문하는데 단순히 물량만 먼저 주문하는 게 아니다. 원통형, 각형, 파우치 등 배터리 유형을 정해주고, 어떤 양극재를 사용해 어느 정도 성능의 배터리를 요구할 것인지 결정한 후 사전 주문을 한다. 자동차 회사가 개발비를 상당 부분 부담하기 때문에 전용 배터리에 대한 일정 수준의 권리를 가진다.

현재 선 주문 현황을 보면 원통형 배터리는 도요타, 테슬라, 리비안, 루시드에서 주문했고, 각형은 폭스바겐, 르노닛산에서, 파우치형은 제너럴모터스GM, 스테란티스, 혼다, 현대기아, 포드가 선 주문했다. 중국 기업을 제외한 11개 글로벌 전기차 기업의 배터리를 LG 9개사, 파나소닉 3개사, 삼성, CATL, SK는 2개사에 단독 또는 공동으로 선 주문받았다.

LG엔솔은 현재까지 1900GWh(기가와트아워), 전기차 2200만 대 분량, 440조의 세계 1위 수주 잔량을 확보한 것이다. CATL이 세계 1위의 전기차 배터리 판매사지만, 중국 내 판매하는 전기차를 제외하면 폭스바겐과 테슬라에 다른 배터리사들과 공동으로 수주받은 정도다. 2025년만 놓고 보면 LG엔솔의 수주량이 타사를 압도하는 것이다.

4680 배터리는 수율을 잡아야 하는 문제가 남아 있다. 같은 소

재, 같은 설비, 같은 한국 기술자를 투입해도 LG엔솔이 폴란드에서 수율을 잡는 데 4년 걸렸고, 지금도 같은 배터리 공장인데 라인에 따라 수율이 다르다. 2022년 6월, 가장 빨리 테슬라에 4680을 공급한 게 파나소닉인데 아직 수율 40% 정도라 손익분기점이 나오는 90% 이상으로 수율을 높여야 하는 숙제가 있다.

2차 전지 시장의 게임 체인저, 전고체 배터리

전고체All-Solid-State는 단어 그대로 모든 게 고체인 배터리를 말한다. 현재의 2차 전지 주력 배터리인 삼원계 배터리는 양극, 음극, 분리막, 전해질로 구성되어 있다. 양극과 음극 사이에 액체 상태인 전해질을 채우고, 분리막을 사용해서 양극과 음극이 닿지 않게 만드는데, 액체 상태인 전해질을 넣는 게 아니라 고체로 넣는 게 전고체 배터리다.

전해질을 고체로 넣으면 큰 장점이 생긴다. 양극과 음극이 닿지 못하게 분리막을 넣는데, 고체로 된 전해질을 넣으면 전해질이 분리막 역할을 하기 때문에 분리막을 없앨 수 있다. 안전성도 좋아진다. 액체 전해질을 사용하는 경우 온도 변화로 인한 팽창이나 외부 충격에 의한 누액으로 배터리가 손상되고 화재의 위험도 있어, 셀을 모듈로 감싸고 모듈을 다시 팩으로 감싸는 이중 포장을 한다.

그런데 전해질이 고체인 전고체 배터리는 구조적으로 단단해 안정적일 뿐더러 전해질이 훼손되더라도 어느 정도 형태를 유지하여 화재 위험을 낮출 수 있다.

현재 배터리에서 분리막, 모듈, 팩 등 안전장치가 차지하는 면적이 전체 배터리의 절반쯤 된다. 안전장치가 차지하던 자리를 음극재와 양극재로 채우면 같은 면적에 2배 가까운 용량을 채울 수 있다. 전고체 배터리가 일반 배터리보다 2배 이상 오래 가는 이유는 성능의 차이가 아니라 같은 면적에 더 많은 용량을 채울 수 있어서다.

전고체 배터리를 만드는 방식은 크게 '산화물계'와 '황화물계'로 나뉜다. 일본의 전자·전기 부품사인 무라타는 산화물계로 전고체 배터리를 만들었다. 무라타는 2024년부터 전고체 배터리를 양산하기 위해 공장을 짓고 있다.

산화물 계열의 문제점은 용량을 키우는 데 한계가 있는 점이다. 무선 이어폰에 들어가는 배터리가 100mah(밀리암페어아워, 배터리 용량 표시 단위) 정도 용량이 필요하다면, 스마트폰에는 4000mah가 필요하고, 자동차는 100ah(암페어아워) 용량의 셀 수백 개가 필요할 정도로 훨씬 더 큰 배터리 용량이 필요하다. 일본의 산화물계 전고체 공장은 무선 이어폰이나 소형 가전제품에 들어가는 정도까지는 만들 수 있지만, 스마트폰부터는 용량이 아슬아슬하다. 이렇듯 스마트폰용 배터리도 어려운데, 스마트폰보다 훨씬 많은 배터리 용량이 필요한 전기차를 산화물계 공장에서 커버하기는 어려울 것이다.

도요타가 전고체 배터리를 하이브리드부터 적용하겠다는 배경도 배터리 용량의 한계를 극복하지 못했기 때문일 수도 있다. 자동차 배터리를 황화물계로 만들어야 하는 이유다. 현재 전 세계에서 도요타, 닛산, 혼다 등이 2025년 정도 황화물계 전고체 배터리의 양산 일정을 이야기하고 있지만 세부 일정은 나오지 않았다.

황화물계의 구체적인 양산 일정이 나온 기업은 삼성SDI 정도다. 삼성SDI는 2023년 내 전고체 파일럿 생산을 하겠다고 일정을 발표했다. 반면 도요타는 전고체 배터리의 수명이 짧아지는 문제를 해결하지 못했다고 말했다. 도요타가 개발 중인 전고체 배터리는 충·방전을 반복하면 전극에 사용되는 재료 사이에 틈이 생기는 문제를 공개한 것이다.

많이 뒤처진 듯 보였던 삼성SDI가 전고체 배터리 분야에서 앞서가는 모습을 보이는 흐름에 여러 해석이 나왔다. 부정적으로는 삼원계 배터리는 LG엔솔에 밀리고, 리튬 인산철 배터리는 중국 CATL이 주도하고 있으니, 차세대인 전고체 배터리에 희망을 가지고 전력을 집중하고 있다는 것이다.

긍정적인 해석도 있다. 현재 삼원계에서 전해질을 넣는 방법은 전해질을 주사기와 비슷한 기계로 투입한 후, 화학반응으로 액체인 전해질을 젤리처럼 만드는 방식을 쓰고 있다. 액체가 들어가 비어 있는 공간 없이 전해질을 채운 뒤, 그 액체를 젤리로 만들어 안정시키는 방법이다.

반면 전고체 배터리는 액체를 주입하는 게 아니라 고체인 가루를 넣는다. 고체 상태 가루를 넣으면 액체보다 비어 있는 공간이 많이 생긴다. 이 빈 공간은 메모리 반도체에 사용하는 정밀적층코팅 기술로 없앨 수 있다. 삼성SDI의 계열사에 메모리 반도체의 최강자인 삼성전자가 있는 부분이 비대칭 전력이 될 수 있다는 것이다. 삼성전자 종합기술원이 전고체 개발에 상당 수준 발을 담그고 있고, 삼성SDI와 협업하며 연구 결과를 계속 발표하고 있다.

2020년 이재용 회장(당시 부회장)과 현대기아자동차의 정의선 회장이 만났을 때 전고체가 중요하다는 말을 했고, 이는 삼성SDI 개별 기업이 아니라 삼성그룹 차원에서 전고체에 힘을 쏟고 있다는 뜻이기도 하다.

전고체 배터리가 개발되어 양산된다고 하더라도 문제가 남아 있다. 전고체 배터리가 안전하고 오래 가는 장점이 있지만, 현재 삼원계 배터리에 사용하는 리튬보다 훨씬 비싼 황산화 리튬을 써야 한다. 황산화 리튬 외에도 배터리 내 전기를 일으키는 반응을 담당하는 활물질活物質을 은으로 코팅하는 등 원가 상승 요인이 많다.

테슬라가 보급형에 인산철 배터리를 넣고, 고급형에 삼원계를 넣듯이, 차세대 전기차 배터리도 보급형은 삼원계와 인산철이 경쟁하고, 고급형에 전고체 배터리를 사용하는 방식으로 시장이 나누어질 수도 있다.

메르의 인사이트

배터리 전쟁은 리튬 등의 자원 확보, 수율, 전고체 기술 등의 종합격투기다. 한국은 기술과 수율에서 승부를 보려 할 것이고, 중국은 자원을 비대칭 전력으로 만들려고 할 것이다. 삼성전자 종합기술원의 반도체 연구역량 지원을 받을 수 있는 삼성 SDI에 조금 더 관심을 가져도 될 듯하다. 배터리 전쟁의 마지막 승부는 전고체가 될 것으로 본다.

03
OPEC 플러스와
미국이 싸우는 이유

가끔 역사를 돌아보면 현재 상황이 이해가 갈 때가 있다. 유가
도 마찬가지다. 2011~2013년까지 석유 가격은 배럴당 90달러 선
에서 안정세를 유지했다. 10년 전보다 5배나 오른 가격이었지만,
산유국들은 배럴당 90달러를 적정 가격이라고 생각했다.

2014년 여름, 중국의 경기 둔화로 석유 가격이 흔들리기 시작
했다. 2014년 10월에 유가가 84달러로 떨어졌고, 미국의 셰일오
일 공급까지 확대되자 11월 유가는 77달러까지 떨어졌다. 보통
이럴 때는 석유수출국기구인 OPECOrganization of Petroleum Exporting
Countries에서 공급 물량을 조절해 가격을 올렸다.

2014년 11월, 오스트리아 빈에서 OPEC 회의가 열렸다. 이 회의에서 사우디아라비아는 산유국에 다 같이 조금씩 석유 생산량을 줄이자는 제안을 했다. 이 제안에 OPEC 회원국 중 어느 나라도 동의하지 않았다. 사우디의 알리 알 나이미Ali Al-Naimi 장관은 회담장을 나가버렸고, 회담은 '시장에 맡기자'는 결론으로 종료되었다.

이 말에 산유국들은 생산량을 늘렸고 이로써 석유 가격이 하락했다. 2015년 1월이 되자 유가는 45달러로 반 토막이 났고, 이후에도 29달러까지 떨어졌다.

셰일오일의 출현으로 석유 산업은 '단기 개발'과 '장기 개발'로 나뉘었다. 셰일오일은 개발을 결정하고 석유를 생산할 때까지 6개월 정도밖에 걸리지 않고, 비용도 유정 하나당 1500만 달러 정도면 충분하다. 하지만 셰일오일은 유정이 금방 바닥나기 때문에 계속 새로운 유정을 파야 해서 '단기 개발'이라고 부른다.

한편 일반 오일은 길게는 5년까지 준비 작업을 해야 하고 7억 달러 이상 초기 비용이 들어가지만, 오래 생산할 수 있어 '장기 개발'이라고 부르게 되었다. 저유가 행진이 계속되자 수많은 단기 개발이 중단되며 석유 공급이 줄어들었다. 2016년 2월, 알 나이미 사우디 장관은 이렇게 말했다.

"감산의 고통을 분담할 생각이 없으면 우리는 시장에 계속 맡길 것이다."

사우디는 석유 생산 원가가 배럴당 10달러로 가장 낮고, 쌓아놓은 재산이 충분해서 고통을 견딜 자신이 있었던 것이다.

하지만 석유 생산비가 높은 다른 석유 수출국은 고난의 행군을 시작했다. 석유 생산비가 낮은 축에 속하는 러시아도 석유 생산비가 배럴당 40달러 수준이라, 25달러의 유가는 외화보유액을 까먹으면서 버티는 정도였다.

2016년 9월, 중국 항저우에서 열린 G20 회담에서 러시아 대통령 블라디미르 푸틴Vladimir Putin과 사우디의 왕세자이자 총리인 무함마드 빈 살만Mohammed bin Salman이 단독 회담을 했다. 어떤 이야기가 오갔는지 모르지만 결과적으로 빈 살만과 푸틴의 협상은 타결되었다.

같은 해 알제리에서 에너지 포럼이 열렸다. 러시아를 포함한 OPEC 회원국은 따로 자리를 마련해 생산을 줄이는 감산 합의를 도출한다. OPEC 회원국이 하루 120만 배럴을 감산하면 러시아가 30만 배럴을, 카자흐스탄, 멕시코 등 다른 산유국이 25만 배럴을 감산해 총 175만 배럴 감산 합의안을 만든 것이다. 기존 OPEC에 러시아가 플러스(+)로 붙어서 OPEC+ 회의가 공식적으로 만들어졌다.

감산을 시작하자 다시 유가가 올라갔고, 이때부터 빈 살만과 푸틴의 인연은 시작되었다. 빈 살만과 푸틴의 친분이 최근 갑자기 생긴 게 아니라 나름 역사가 있는 것이다.

한편 미국은 셰일가스가 많이 나와 수입국에서 수출국이 되었다. 미국은 셰일가스의 큰 고객이 되어야 할 독일이 러시아에서 천연가스를 공급받는 노드스트림2(러시아와 독일을 잇는 천연가스 수송 파이프)를 진행하자 분노한다. 2019년 12월, 미국 전 대통령 도널드 트럼프Donald Trump는 노드스트림2에 관련된 기업을 제재하는 '2020 국방수권법2020 National Defense Authorization Act'에 사인했다. 미국의 강한 반발에 독일은 주춤했고, 노드스트림2 공사의 완공을 미루고 있을 때 OPEC+ 회담이 다시 열렸다.

지난번에 사우디 장관이 회담장을 박차고 나갔다면, 이번에는 러시아 푸틴이 회담장을 박차고 나가버렸다. 코로나19로 세계가 석유를 덜 쓰자 산유국은 석유 생산을 줄이는 감산 합의를 해 가격을 유지하고 있었다. 푸틴이 감산 합의 회의장을 박차고 나갔는데 감산을 원하는 것으로 보였던 사우디 빈 살만이 동참해 버리는 이변이 발생한다.

빈 살만은 아버지 국왕이 당시 86세로 노령이라는 문제가 있었다. 빈 살만은 아버지가 갑자기 사망한 후에도 왕족의 지지를 받아 순탄하게 왕위를 이어받으려면 충분한 돈이 필요했다. 사우디에서 버는 돈은 대부분 기름을 판 돈이었고, 빈 살만이 주도하는 네옴이라는 미래형 신도시를 건설하는 자금이 필요해 기름값이 최소 배럴당 85달러 이상 유지되어야 했던 것이다.

빈 살만은 푸틴이 시작한 저유가 치킨게임Chicken game에 동참했고, 하루 970만 배럴 생산량을 1230만 배럴까지 늘리겠다고 발표했다. 2022년 여름, 바이든이 사우디아라비아를 방문했을 때 10만 배럴 증산하겠다고 말했는데, 이때는 260만 배럴을 증산하겠다고 한 것이다. 바이든이 사우디의 10만 배럴 증산에 모욕받았다고 평가하는 이유다.

1230만 배럴이라는 양은 사우디의 최고 생산능력이 1200만 배럴인 것을 감안하면 비축유까지 풀겠다는 말이다. 사우디와 러시아가 원유 증산에 나서고 여타 산유국까지 따라 하자 기름값이 급락했다. 이때가 2020년 3월경이었다.

바이든 vs 빈 살만

미국의 셰일 기업들은 자기 돈이 아니라 남의 돈을 빌려서 투자한다. 유가가 급락하니 셰일 기업에 돈을 빌려준 투자자들이 빌려준 돈을 상환받고 빠져나갔고 셰일 기업이 하나씩 부도나기 시작했다. 1년 가까이 계속된 저유가에 금융 헤징Hedging(가격변동으로 인한 손실을 막기 위해 실시하는 금융 거래행위)을 해놓은 셰일 회사는 살아남았지만, 대부분 망해 셰일가스 공급이 줄어들었다.

셰일 회사를 파산시켜 공급을 줄이고 유가를 다시 올리겠다는 푸틴과 빈 살만의 작전이 성공한 것이다. 사우디와 러시아는 다시 물량 조절을 하며 가격을 올렸다. 한때 마이너스 유가가 등장할 만큼 바닥이 아니라 지하를 파고 있던 기름값이 다시 오르기 시작한 것이다.

원래대로라면, 에너지 가격이 오르면 셰일 기업이 다시 생산시설 가동을 하고, 새로운 유전 개발에 투자해 공급이 늘어난다. 하지만 미국의 바이든 정부는 신재생에너지로 방향을 전환한다.

기름값이 올라도 정부 지원은 신재생 쪽에 집중되어 있고, 신규 유전 개발에 여러 환경 규제가 추가로 걸리다 보니, 투자 자금이 들어오지 않게 된 것이다. 미국 캘리포니아에서는 신규 셰일가스 유전 개발을 금지하는 법안에 서명까지 했다. 미국이 기름과 천연가스의 주요 수출국이 되는 트럼프의 계획은 바이든의 신재생에너지 전환으로 진행 속도가 느려졌다.

2021년 말 미 연방준비제도(Fed, 이하 연준)는 물가를 잡는다는 명목으로 양적완화 정책의 규모를 점진적으로 축소하는 테이퍼링 Tapering을 시작했다. 미국이 금리를 올린다는 것은 미국으로 달러가 몰려간다는 의미고, '달러 강세 에너지 가격 약세'가 시작된다는 말이다. 이렇게 에너지 가격이 약세로 전환하는 타이밍에 러시아가 우크라이나를 침공하며, 약세로 가야 할 에너지 가격이 급상승하게 되었다.

미국은 인플레이션의 주 원인인 에너지 가격 안정을 위해 석유 공급을 확대해야 했다. 바이든 정부가 석유 증산을 위해 이란과 핵협상을 타결해 이란의 석유 수출 금지를 풀고, 사우디에 석유 증산을 끌어내려는 이유다.

공급을 늘리지는 못하더라도, 수요가 줄어들면 가격은 하락할 수 있다. 바이든 정부는 사우디에서 증산하지 않는다고 하더라도, 경기침체가 시작되면 유가는 하락할 수밖에 없다고 판단한 듯하다.

빈 살만은 네옴을 제대로 추진하기 위해서는 막대한 자금이 필요하고, 고유가 상태를 유지하며 자금을 모아야 한다. 푸틴 역시 우크라이나 전쟁 비용을 충당하기 위해 고유가를 유지해야 한다. OPEC+ 회의의 투톱인 사우디와 러시아가 힘을 합치자, 2022년 11월부터 하루 200만 배럴을 감산하자는 안건이 만장일치로 합의되었다. 미 연준이 인플레이션을 잡기 위해 금리를 인상하는 상황에서 OPEC+의 200만 배럴 감산 합의는 미국을 크게 흥분시켰다.

OPEC+ 회의 전부터 미 백악관은 러시아를 제외한 OPEC+ 회원국에 감산을 하지 말라고 사전에 강하게 말했다. 백악관에서 '감산은 완전한 재앙이자 적대행위로 간주될 수 있다'는 격한 반응을 내보이며 관련국을 일대일로 압박한 것이다.

미 의회까지 OPEC+의 감산 합의를 독점에 의한 담합으로 처벌

하는 법안을 상정하며 행정부의 산유국 압박을 지원했고, 이로써 OPEC+의 담합이 흔들렸다. 결국 200만 배럴을 감산하기로 합의했는데, 12월 OPEC+의 산유량은 200만 배럴 감산이 아니라, 반대로 12만 배럴 증산이라는 결과가 나온 것이다. 2022년 6월 초 배럴당 122달러까지 올라갔던 유가는 계속 떨어지며, 사우디와 러시아가 바라는 고유가 유지는 일단 실패로 끝났다.

이러한 상황에서 가만히 있을 빈 살만이 아니다. 중국을 중재자로 이란과 국교를 정상화하며 중국의 체면을 세워주고, 미국을 협상에서 배제했다. 네옴의 내부 통신망과 소프트웨어로 미국이 강하게 규제하고 있는 중국 통신 업체 화웨이를 선택했고, 중국 위안화 결제도 확대했으며, 원유 판매 대금으로 달러만 받는 페트로 달러Petro dollar를 건드렸다.

메르의 인사이트

에너지 가격이 수요와 공급으로만 결정되는 것은 아니다. 사우디는 빈 살만 체제의 안정성과 왕실의 내부 상황이 영향을 주며, 중국은 미국과 패권경쟁의 약점이 될 수 있는 안보 차원의 에너지 확보가 중요하다. 미국의 경우 수입국에서 수출국으로 바뀌면서 생기는 인식의 변화 등을 감안해야 한다. 에너지 가격은 정치와 경제를 합쳐서 판단해야 예측의 정확도를 높일 수 있는 영역이다.

04
슈퍼 사이클을 준비하는
한국의 조선업

　세계 조선업의 선두주자는 일본이었다. 하지만 일본은 숙련된 현장 인력이 사라지며 경쟁력이 없어졌다. 발단은 설계에서 시작되었다. 배의 설계는 '기본 및 상세설계'와 '생산설계'로 나뉜다. 보통 설계팀에서 기본 및 상세설계를 해서 현장에 주면, 그 설계도면을 보고 경험이 많고 숙련된 현장 인력이 배를 만든다.

　일본은 여기에 생산설계라는 개념을 도입했다. 생산설계는 설계도면을 볼 수 있고 용접기술만 있으면 숙련된 노동자가 아니더라도 배를 만들 수 있도록 생산공정을 세밀하게 설계하는 방식이다. 생산설계가 정착되자 숙련 노동자에 대한 필요가 줄어들어 현장의 위세가 약해졌고, 본사 설계팀의 힘과 조직이 커졌다.

설계의 중요성이 높아지자 일본 조선사들은 설계를 강화하기 위해 일본 최고학부 출신들을 스카우트했다. 문제는 조선소가 대부분 지방에 있는 점이었다. 일본 조선사들은 지방에 살기 싫어하는 최고학부 출신 신입사원들을 유치하기 위해, 본사를 도쿄 등 대도시로 옮기거나 설계팀을 생산과 떼어내서 도쿄 사무실을 마련했다. 설계는 도쿄에서 하고 생산은 지방에서 하니, 현장과 설계팀의 커뮤니케이션이 끊어져 버린 것이다.

현장에서도 생산설계가 정착되며, 돈을 더 줘야 하는 숙련공들이 퇴출되고 값싼 신입으로 현장이 채워졌다. 현장이 신입 위주로 채워지자 상세설계가 더 중요해졌고, 설계팀 조직이 더 커지는 악순환이 되었다.

일본 조선사들은 설계 조직이 비대해지자 비용을 줄이려고 표준화를 도입했다. 표준화는 한 척씩 따로 설계하는 게 아니라 자동차처럼 표준 모델을 정해놓고 일부 옵션만 추가 설계하는 방식이다. 표준화가 정착되자 숙련된 노동자에 이어서 본사 설계팀도 필요성이 줄어들었고, 설계팀의 필요성이 줄어들어 채용을 줄이자 일본 대학에 조선학과가 사라지기 시작했다.

조선업은 오랜 기간 경험이 쌓인 숙련된 노동자가 필요한 산업이다. 일본은 액화천연가스LNG선을 설계할 수는 있지만, 숙련공이 부족해 친환경 선박을 제대로 못 만들고 있다.

한국은 조선업이 호황이었던 2015년에 울산과 거제 조선소의 근로자 수는 약 16만 명이었다. 조선업 불황으로 이들이 해고되며 2023년에는 7만 명 이하로 반 토막이 난 상태다. 한국 조선업의 경쟁력 중 하나가 숙련된 조선소 근로자들인데, 이들은 평택 등에서 건축 노동을 하고 있다. 조선업보다 훨씬 안전하고, 대우도 나쁘지 않은 일에 이들은 나름 만족을 하고 있다.

조선소에서는 외국인 노동자들을 채용하고 있지만, 숙련도가 떨어지고 소통에 한계가 있다. 외국인 노동자들로 일부 단순 작업을 보완할 수는 있지만 대체하기는 힘들다. 결국 임금 문제다. 새로 건조하는 선박의 가격인 신조선가가 올라가면서 비싼 가격에 수주를 받은 배를 건조하기 시작하고, 조선사들이 흑자로 전환되어 현장 인력에 대한 인건비를 올려줄 여력이 생기면, 조선소들도 인건비 상승을 감안해 사업계획을 세울 수 있다.

한국 조선업의 특이한 강점

평택에서 이뤄지는 공사의 인력은 대부분 삼성전자 공장 증설에 필요한 사람들이다. 2024년이면 현장 인력이 많이 필요한 단계가 지나간다. 적절하게 처우해 숙련공들을 복귀시키고, 단순 작업에 외국인을 배치하면 어느 정도 물량 커버가 가능해 보인다. 다만, 기존 인력 복귀가 아니라 MZ세대(밀레니얼세대와 Z세대를 부르는 신조어)에게 신규 교육을 시켜 조선소로 합류시키는 일은 쉽지 않을 것이다. 조선소 문화가 이들과 너무 맞지 않아서다.

조선소가 많은 경상남도에는 특이한 점이 있다. 남해안 쪽 펜션에 가보면 20인실, 40인실 등 다인실 비중이 수도권보다 훨씬 많다. 집단으로 뭉쳐서 즐기는 문화가 강하다는 의미다. 한국 조선소는 이 문화가 초기 경쟁력이 되었다. '회사=집'인 문화로, 출근해서 아침부터 같이 먹고 모여서 체조하고, 같이 점심을 먹고, 퇴근 후 회식하고, 주말까지 조기축구나 낚시로 직장 사람들이 몰려다니는 게 일상이 되었다.

현장과 본사가 같이 있다 보니 현장에서 마음에 안 드는 설계가 있으면, 고참 숙련공이 설계팀까지 달려가 푸닥거리를 할 수 있었다. 현장 인력과 설계팀 간 한판 활극이 벌어진 날에는 현장과 설계가 감정을 푸는 회식이 이어졌고, 주말이 되면 조기축구회에서 한 팀으로 뭉쳐서 운동하는 문화가 있었던 것이다. 이런 문화적인 특성에 한국인 특유의 잔머리가 합쳐지며 한국 조선업의 특이한 강점이 생겼다. 대량생산의 효율성과 속도다.

1990년대에 접어들면서 중국이 본격적으로 수출을 시작하자 배가 많이 필요했다. 수요는 많은데 배가 모자라자, 1척만 필요한 선사들도 10척을 주문해서 9척을 용선으로 빌려주는 게 돈이 되는 시기였다.

이런 다량 발주가 한국 조선소와 궁합이 맞았다. 설계가 약해서 처음 1~2척은 버벅대면서 만들어도 조선소 숙련공들이 감을 잡는 세 번째 배부터는 빠른 속도와 효율로 배를 만들었다. 같은 10척으로 일본과 경쟁하면 4척 정도에서 속도를 따라잡고, 10척은 따라잡을 수 없는 속도로 발주사에 납품을 하는 것이다. 배가 부족해서 인도만 받으면 바로 돈이 되는 시기라 선사들은 빨리 배를 만드는 한국 조선소로 몰려왔다.

여기에 도크Dock를 활용하는 잔머리도 탁월했다. 도크는 시멘트로 된 수영장과 비슷하다. 배를 만들 때는 배가 물에 뜰 수 있는 정도로만 도크에서 배 외형을 만든 다음, 배를 띄워 도크 바깥으로 뺀 후 안벽에 붙여놓고 마무리를 한다.

이렇다 보니 도크 1개에 배 1척을 만드는 게 기본이었다. 하지만 한국 조선소들은 도크 하나에 7척을 동시에 만들었다. 도크에 물이 들어오면 도크 안에 모든 배가 뜰 수가 있어야 한다. 여러 척을 도크 하나에서 만든다는 것은 건조 기간 6개월짜리 작은 배와 2년짜리 큰 배들이 한꺼번에 물에 뜰 수 있게 일정을 관리해야 하기 때문에 쉽지 않은 일이다. 하지만 한국인의 잔머리에 융통성이 합쳐져서 도크를 예술적으로 활용한 것이다. 도크 활용은 매뉴얼대로 꼼꼼하고 단계적으로 일하는 일본에서는 따라갈 수 없는 영역이 되었고, '강아지도 만 원짜리를 물고 다닌다'는 조선소 활황의 신화가 탄생했다.

플랜트 설계의 한계 극복하기

한국의 조선사들은 주로 건설을 하던 회사들이 조선으로 영역을 확장해 넘어오다 보니 설계를 별로 중요히 여기지 않았다. 외국에서 설계를 사 오고 현장 인력에 중점을 두는 문화가 한국 조선의 주력이었다. 결국 플랜트에서 설계를 대충하는 약점이 터져버렸다.

플랜트는 한 척이 비싼 대신, 동일한 선박을 대량 발주하는 경우가 잘 없다. 해안에 붙은 얕은 바다에 300m만 파면 가스가 나오는 플랜트와 수심 6000m 심해에 수시로 태풍이 덮치는 먼바다의 플랜트는 완전히 다른 것이다. 해양 플랜트는 한국의 강점인 몇 대 만들어보며 익숙해지면 효율을 내는 방식이 안 먹히는 영역이라는 말이다.

배와 플랜트는 큰 차이가 있다. 배는 속이 비어 있고, 플랜트는 속이 차 있는 시설이다. 배는 속이 비어 있어 만들다 문제가 생기면 바깥이나 안에서 철판을 잘라 붙여 대응을 할 수 있다. 하지만 플랜트는 밑에서부터 차곡차곡 속을 채워 올리는 방식이라 설계에 문제가 생기면 이미 해놓은 배관, 전선들이 밑에 꽉 차 있어서 위에서부터 다 뜯어내야 하는 구조다. 유럽이 100여 년의 시행착오를 거치며 습득한 노하우를 '임자 해봤어?' 정신으로 덤빌 영역은 아니었던 것이다.

물론 조선소에서도 플랜트 건조 노하우를 가진 전문가를 불러와 생산 현장을 지원했다. 문제는 숙련공이 영어를 못한다는 점이었다. 외국 전문가가 해주는 조언을 배를 모르는 통역사나 영어를 좀 하는 20대 신입사원이 듣고 숙련공에게 전달하는 과정에서 실수와 오해가 많이 발생했다.

조선사들은 지방대 위주로 채용하던 설계팀 직원을 서울대 등에서 채용해서 설계 부문을 강화해 보려고 했다. 서울에서 거제와 울산으로 내려온 명문대 졸업생들은 퇴근 후에도 매일 저녁 회식에 주말까지 같이 어울려야 하는 문화를 버티지 못하고 퇴사해 버렸다. 아직도 한국 조선의 약점은 설계이고, 기름값이 올라 플랜트 수주를 받는다고 해도 잘하기 쉽지 않은 이유다.

해양 플랜트는 3개 조선소에서 모두 수주할 것이 아니라 1개 조선소 정도로 정예화하고, 한국 조선소가 실력을 발휘할 수 있는 일반 선박에 선택과 집중을 해야 한다고 보는 이유다.

한국의 MZ세대에게 업무시간 외 주말까지 뭉쳐 다니는 조선소 문화는 수용할 수 없는 영역일 것이다. 하지만 아직도 조선소 현장은 50대 숙련공이 주력이고, 이들이 이런 문화를 자연스럽게 받아들이고 있는 만큼, 어차피 주말에 할 일이 없는 외국인 노동자들과 비슷한 문화를 가지고 평택 등에 있는 노동자들을 복귀시켜야 하는 실정이다.

조선업의 문제 중 마지막까지 남은 이슈는 경험 많고 숙련된 현장 인력의 충원이다. 조선소 숙련 노동자들이 많이 가 있는 삼성전자 평택 공사는 P6공장까지 완공되면 더 이상 추가 라인을 건설할 가능성이 높지 않아 보인다. P7공장부터는 미국 쪽에 신규 라인을 깔기 시작할 듯하다. P6가 2030년 완공되는 일정이지만, 2024~2025년이 되면 평택의 현장 물량이 최대치에 이를 전망이다. 2023년 내에는 조선사들의 흑자 전환이 확인될 것이다. 현장 인력의 인건비를 올리고 처우를 개선해서 인력 확보의 기회로 삼아야 한다.

▌메르의 인사이트

조선업은 2027년까지 매출과 순이익이 늘어날 것으로 본다. 주가가 어느 시점에 이것을 제대로 반영할지는 모르겠지만, 4년간 수익이 계속 늘어날 것으로 보이는 산업이 그렇게 흔한 것은 아니다. 적자가 흑자로 전환되는 시점이 가장 좋은 진입 타이밍이라고 본다.

05

새로운 고기가 오고 있다

2022년 11월 15일 국제연합UN에서 세계 인구가 80억 명을 넘었다고 발표했다. 세계 인구는 2011년 70억 명을 넘겼고 11년 만에 10억 명이 늘어난 것이다.

한국과 같이 2020년 5183만 명을 최고점으로 인구가 줄어드는 나라도 있지만 인도, 방글라데시, 콩고 등에서는 인구가 꾸준히 늘어나고 있다. 이런 추세로 계속 늘어나면 2050년경 세계 인구는 100억 명을 넘게 된다.

인구가 계속 늘어날 때 부족해지는 것 중 하나가 육류다. 현재의 추세라면 매년 2억t씩 육류 생산을 늘려야 하는데, 가축에게 먹일 사료를 재배할 경작지를 계속 늘리기 어려운 상황이다.

지구 전체적으로 점점 물이 부족해지는데 육류 생산을 위해 들어가는 많은 물도 신경 쓰이는 부분이다. 소고기 1kg을 만드는데 물 4만ℓ가 필요하다. 같은 무게의 옥수수 1kg을 만드는데 들어가는 물 650ℓ와 비교하면 육류는 엄청나게 많은 물을 소모하는 것을 알 수 있다.

육류 생산의 대안으로 대체육이 개발되었다. 대체육은 '콩고기'라고 불리는 식물성 재료로 고기의 맛과 질감을 비슷하게 만든 식재료다. 콩고기의 대표 브랜드는 미국 기업 비욘드 미트다. 완두콩 속의 단백질로 고기와 비슷한 모양을 만들고, 비트 주스로 붉은 색을 냈으며 코코넛 오일로 육즙을 만들었다.

배양육의 장점과 단점

콩고기의 결정적인 문제는 고기 맛이 제대로 안 난다는 점이다. 콩고기의 대안으로 줄기세포로 고기를 배양해 만든 배양육이 떠올랐다. 배양육은 2004년 마르크 포스트Mark Post 교수가 네덜란드 정부에서 200만 유로의 지원금을 받아 연구하기 시작했다. 네덜란드 정부의 지원금이 다 떨어질 때쯤 구글의 공동 설립자 세르

게이 브린Sergey Brin이 70만 유로를 기부해 계속해서 연구할 수 있었다.

배양육을 만드는 방법은 동물에서 줄기세포를 추출하고, 혈청이 든 배양액 용기에 주입하면 혈청을 먹이 삼아 배양되어 근육세포가 생성된다. 몇 주가 지나면 배양액 속에서 국수 가락 모양의 단백질 조직이 만들어지는 것이다.

배양육은 가축을 키워서 고기를 얻는 것보다 20배 빨리 고기를 만들 수 있고, 가축을 키우는 것과 비교하면 같은 양의 고기를 얻기 위해 필요한 토지 사용량이 1%, 물 사용량 4%, 온실가스 배출 4% 정도에 불과한 장점이 있다.

반면 배양육의 문제는 지방이 없는 고기라서 맛이 없으며 다진 고기인 패티 형태로 식감이 나쁘다는 점이다. 이외에도 배양육을 만드는 속도가 느리고, 배양액으로 소의 혈청을 사용해서 원가가 비싼 것도 단점이다. 치킨너깃 크기의 배양육을 만드는데 2주 정도 걸린다. 이는 송아지를 키워서 소를 만드는 것보다는 빠르지만 제조단가를 낮추려면 속도를 더 높일 필요가 있는 것이다.

배양육을 성장시키는 배양액도 해결해야 할 과제다. 지금까지는 임신한 암소를 도축하는 과정에서 소의 태아에서 추출한 혈청을 배양액으로 사용했다. 사람도 그렇듯이 소의 태아 혈청에는 세포가 자라는데 필요한 영양소가 충분히 들어 있고, 세포를 공격하는 면역 반응이 나타나지 않아 배양육을 배양하는 배양액으로 가장 좋은 원료다.

문제는 도축하는 소 가운데 임신한 암소는 8% 정도밖에 되지 않고, 암소에서 뽑는 소의 태아 혈청 가격이 ℓ당 1,000달러까지 나오는데, 햄버거 패티 1장(140g)을 만들려면 소의 태아 혈청 50ℓ가 필요한 것이다. 배양육으로 햄버거를 만들면, 배양액으로 들어가는 50ℓ의 태아 혈청 가격만 5만 달러가 된다는 말이다.

가격을 떠나서 아무리 도축하는 소라고 하지만, 소의 태아에게서 혈청을 뽑아내는 것도 거부감이 드는 부분이다. 2013년에 배양육 햄버거를 처음 만드는 데 성공했지만, 햄버거 한 개 크기의 배양육 가격이 4억 원(약 31만 달러, 2023년 7월 10일 기준)으로 책정된 이유다.

배양육의 미래

2016년 미국 업사이드푸드가 배양육 연구에 뛰어들어 단가를 낮췄다. 그래도 100g에 4,800만 원짜리 배양육 미트볼을 만드는 정도가 한계였다. 배양육 연구를 계속한 업사이드푸드에서 배양육 제조원가를 100g당 640만 원까지 낮추자, 이때부터 빌 게

이츠Bill Gates가 170억 달러를 투자하고, 글로벌 곡물기업 카길이 1,700만 달러를 투자해서 본격적으로 배양육 연구를 시작했다. 세계 2위 축산 업체 타이슨푸드도 업사이드푸드에 투자했다.

거액의 돈이 투입되자 하나씩 문제가 해결되었다. 마블링이 없어 퍽퍽한 부분은 소의 지방세포를 배양해 기존 근육세포에 섞는 방식이 개발되어 상당히 고기 맛에 접근했다. 다진 고기 형태인 패티로 만들었던 것도 근육세포를 틀 속에 여러 개 쌓아 배양해 세포가 틀 안에서 붙어 고깃덩어리가 되면서 고기와 비슷한 식감을 내는 데 성공했다.

이렇게 조금씩 진전되던 배양육 시장에서 2019년 획기적인 방법을 개발했다. 소혈청을 사용하지 않고 혈청 없이 배양하는 무혈청 기술을 개발한 것이다. 암소의 태아 혈청을 사용해서 동물복지 차원에서 불편했던 방법이 해결됨과 동시에 배양육 단가가 엄청나게 낮아졌다.

2019년 5월, 업사이드푸드는 무혈청 기술로 배양육 100g당 가격을 640만 원에서 3만 원으로 낮췄고, 이를 본 소프트뱅크는 업사이드푸드에 추가적으로 투자를 했다. 2020년 6월에는 이스라엘의 퓨처미트가 식물성 배양액으로 하루 500kg의 양고기, 돼지고기, 닭고기를 생산해 100g당 가격이 2,000원까지 떨어졌다.

2020년 8월, 미국 와일드타이프는 샌프란시스코에 연 23t의 연어를 배양육으로 생산하는 공장을 건설해 초밥용 연어를 생산하기 시작했다. 한국에서도 2022년 8월 배양육 스타트업 셀미트가 울릉도 인근 바다에서 서식하는 독도새우에서 채취한 줄기세포로 배양육을 만들었다. 셀미트도 소혈청을 사용하지 않고 해조류에서 채취한 배양액을 사용해 원가를 100g당 500원까지 낮췄고, 2023년 말까지 연간 10만kg 생산능력을 가진 공장을 게맛살로 유명한 한성기업과 협력해 만든다고 한다. 배양육이 자연육보다 저렴해지고 있는 것이다.

배양육의 또 다른 장점은 유통이다. 배양육은 멸균 상태에서 제조되기 때문에 공기만 잘 차단하면 상온에서 장기간 보존할 수 있다. 현재와 같이 냉장이나 냉동으로 고기가 유통되는 게 아니라, 진공포장 형태로 만들어져 상온 유통이 가능해지는 것이다.

미국에서는 유인 달 탐사 프로젝트를 진행하고 있다. 지구에서 달까지 3일 정도면 가지만, 달에 기지를 세우고 화성 등으로 장거리 유인 탐사를 하려면 식량 문제를 해결해야 한다. 배양육 설비를 우주선에 넣으면, 식량 적재 공간 무게와 부피가 획기적으로 줄어들고 달 기지에 육류를 공급할 수 있게 된다.

업계에서는 조만간 배양육 가격이 자연산 육류보다 더 낮아져 배양육이 일반화되고, 현재와 같은 축산으로 만들어지는 고기는 프리미엄 고급육으로 분류되어 판매될 가능성을 높게 보고 있다.

돈 있는 사람들은 현재와 같이 축산으로 생산되는 육류를 먹고, 서민은 배양육을 먹는 구조가 된다는 말이다. 배양육에 남은 과제가 있다면 맛과 식감을 좀 더 다듬고, 배양 속도와 배양육에 대한 거부감을 해소하는 것이다.

메르의 인사이트

배양육의 발전 속도가 갑자기 빨라지고 있다. 100g당 2.5억 원 하던 것이 500원까지 떨어지며 미래가 현실이 되고 있다. 배양육이 시장에 어느 정도 비중을 차지할 때 육류와 관련된 거대 시장이 이것에 대응해 어떻게 변화하는지 지켜보면 투자 기회를 발견할 수 있을 것이다.

06
희토류가 움직이는 세계 1
(우주 전쟁)

희토류는 땅에서 구할 수는 있지만 거의 없는 성분Rare Earth Elements을 뜻하는 말로, 희귀한 17종의 금속 원소를 말한다.

애플 전 CEO 스티브 잡스Steve Jobs가 2007년 출시한 초기 아이폰에서 17종의 희토류 중 9종의 희토류를 사용하기 시작했다. 아이폰의 유리에는 인듐이 들어갔고, 스크린에는 적색과 녹색을 만들기 위해 유로퓸이나 테르븀 분말을 사용했다. 탄탈럼은 아이폰 안의 전력을 조절하며, 리튬은 전력을 저장했다. 세륨은 화면 유리에 반질반질한 광택을 냈고, 카메라 렌즈, 스마트폰의 진동 센서, 스피커 안의 영구자석에까지 희토류가 들어갔다. 잡스는 전화

기인 휴대폰을 스마트폰으로 재창조했을 뿐만 아니라 아이폰으로 희토류의 시대를 열었다.

2010년 9월 7일, 센카쿠 열도(중국명 댜오위다오)에서 중국 어선이 일본 순시선에 충돌해서 중국 어선 선장이 구속되며 양국 간 영유권 분쟁이 시작되었다. 싸움은 싱겁게 끝났다. 중국이 희토류 수출 중단을 선언하자 일본이 백기를 들고 중국인 선장을 석방한 것이다. 일본에 백기 투항은 큰 충격이었고 치욕스러운 사건이었다. 일본도 당하면 뒤끝이 있는 나라다. 이때부터 일본은 카자흐스탄, 호주, 베트남 등과 희토류 공급 계약을 체결해 공급선을 다양화했다.

일본은 공식적인 공급선 다양화 이외에도, 엄청난 물량의 희토류를 중국과 베트남의 불법 광산 개발과 밀수로 돈을 버는 블랙마켓에서 사들였다. 현재 일본은 중국산 희토류가 완전히 끊겨도 20년을 버틸 수 있는 재고를 확보했다고 한다. 다시 한 번 센카쿠 열도 충돌이 일어나면, 일본이 희토류 때문에 힘없이 물러나는 일은 없을 것이라는 게 일본 내부의 이야기다.

미국은 희토류의 중요성을 늦게 인식했다. 2008년 12월만 하더라도 미 국방부에서 희토류는 전략 물질이 아니며 국방부가 관여할 만큼 국가 안보에 직결한 중요한 사안이 아니라고 발표했다. 중국과 관계가 좋았던 시기에 희토류는 환경 파괴를 감내하고 중국이 열심히 만들면 싸게 사 오면 되는 광물질이었다.

2017년 트럼프는 행정명령을 내렸다. 미국이 전략적으로 필요한 크리티컬 미네랄이 무엇인지 파악하고 충분히 확보했는지 보고하라는 명령이었다. 집권 초기라 행정부 부서는 열심히 조사했고, 크리티컬 미네랄은 희토류이고, 공급체인 중국 의존도가 너무 높다는 결론으로 보고서가 올라갔다.

트럼프 정부는 핵심 광물 관리와 통제를 재무부가 아니라 국방부에 부여했다. 미 국방부는 이때부터 국가 안보 차원에서 희토류에 접근했다. 이후 바이든으로 정권이 바뀌어도 정책 핵심 4개 영역(2차 전지, 반도체, 핵심 광물, 의약품)에 희토류를 포함한 후, 미 국방부가 계속 주도권을 가지고 대책을 마련하고 있다.

하지만 희토류의 생산 과정에서 발생하는 환경오염과 근로자의 안전 이슈로 미국 내 희토류 생산은 잘 해결되지 않았다. 희토류가 많은 곳을 발견했다 하더라도, 희토류를 채굴하려면 3가지 조건이 추가로 필요하다.

1. 넓은 땅
2. 저렴한 인건비의 말 잘 듣는 노동자
3. 환경오염이나 노동자 보호에 대해 신경 쓰지 않는 정부

희토류의 채굴·가공 과정에서 엄청난 환경오염과 노동자의 건

강 문제가 발생했다. 그래서 희토류 채굴은 환경이나 노동자에 대한 복지나 위험에 대한 보상을 신경 쓸 경우 채산성이 도저히 맞지 않는 산업이다.

한편 희토류의 3대 조건은 중국에 딱 맞았다. 중국은 국제 시세의 반값에 희토류를 수출했고, 가격 경쟁에서 밀린 독일과 프랑스, 미국의 희토류 생산기업이 하나씩 문을 닫으면서 선진국에서는 희토류 생산이 완전히 사라지게 되었다.

희토류가 중국에서만 생산되는 것은 아니다. 브라질, 호주, 콩고 등에서 희토류가 나온다. 브라질이나 콩고는 그렇다 해도, 호주에서도 환경오염이나 근로자의 건강 등을 무시하고 희토류를 만드느냐고 반문할 수 있다.

호주는 희토류 제련을 말레이시아에서 한다. 호주 광산 기업 라이너스는 말레이시아 동부 파항주 쿠안탄에 약 2,500억 원을 들여 희토류 제련소를 건설했고, 호주 광산에서 캐낸 원광을 4000km 넘게 떨어진 말레이시아로 운반해 희토류를 만든다. 자국에서 처리하지 않아 엄청난 양의 방사성 폐수와 각종 독성 폐기물, 제련 과정에서 나오는 환경오염의 피해를 말레이시아의 근로자와 주변 주민이 입어야 한다는 의미다.

희토류의 생산지와 생산 과정

희토류는 집중이 문제다. 전 세계 나이오븀의 90%는 CBMM이 소유한 브라질 아라샤에서 나오고, 안티몬의 대부분은 중국 후난 성 렁수이장시에서 나온다. 브라질 아라샤만 보더라도 전 세계가 200년간 쓸 만한 나이오븀 매장량이 있고, 노천 광산이라 채굴이 쉬워서 다른 광산을 개발해 경쟁할 만한 상황이 안 되는 것이다.

브라질 아라샤 광산의 경쟁력은 노천에 나이오븀이 깔려 있는 것 외에도, 땅이 푸석푸석해서 흙을 퍼 담기 쉽다는 점이다. 암석을 폭파해 잘게 쪼개는 과정이 불필요하고, 단순히 흙을 굴착기로 퍼내서 컨베이어 벨트에 올려 제련소로 보내면 된다.

브라질에서 나오는 나이오븀은 철을 강하게 만들어준다. 철을 만드는 용광로에 톤당 40g 정도의 나이오븀만 넣으면, 용광로에서 나오는 철 전체의 강도가 4배 정도 올라간다.

중국은 브라질 같은 푸석푸석한 토양의 축복을 받지 못했다. 희토류가 들어 있는 암석을 화약으로 폭발시켜 조각을 낸 다음, 염산과 같은 여러 종류의 강한 산에 암석을 걸쭉하게 녹여야 한다. 암석이 녹은 걸쭉한 액체는 레인보우 칵테일 잔 속의 종류가 다른 술이 층이 나누어지듯, 액체 속에서 다른 높이로 나누어진다.

층이 다르게 침전된 것을 600회 이상 계속 분리하면 마지막에 희토류와 산 혼합액만 남는다. 마지막 남은 산을 증발하면 희토류가 남는 것이다. 희토류를 생산하기 위해서는 암석을 녹여야 하기 때문에 황산, 염산 등을 많이 사용하는데, 이것을 증발시키는 과정에서 독가스가 나온다. 아주 미세하게 들어 있는 희토류를 얻기 위해 엄청난 암석 조각이 필요한 것이다. 1t의 희토류 정제를 한 후에는 보통 7만 5000ℓ의 산성 폐수와 1t가량의 방사성 폐기물, 1200만ℓ의 황산과 플루오르화수소산이 혼합된 폐가스가 나온다.

세계 각국이 달로 모여드는 이유

희토류는 태양광이나 풍력 같은 신재생에너지에 영향을 크게 미칠 수 있다. 태양광 고사양 패널에는 인듐, 셀레늄, 텔루륨이 들어가는데, 희토류는 매년 금 생산량의 절반 수준이 생산된다. 필요한 물량이 확보된다고 하더라도 고사양 태양광 패널이 주가 되면 현재 생산량으로는 부족할 수 있다.

10MW(메가와트)의 발전용량을 내는 풍력발전기 1기에는 2t 정도의 자석을 사용하고, 2t의 자석 안에는 160kg 정도의 디스프로슘이 들어간다. 전기자동차에도 대당 100g 정도의 디스프로슘이 사용되어 희토류 중 디스프로슘은 신재생에너지 쪽에 중요한 원

소다.

현재 디스프로슘은 1년에 1000t 내외가 생산되는데, 바이든 정부가 만들겠다는 수천 기의 풍력발전기를 만들기에도 공급이 부족한 것이다. 탄소중립을 위해 대대적으로 만들어지는 신재생에너지가 환경을 오염시키는 희토류를 필요로 하는 모순적인 상황에서도 신재생에너지의 수요는 늘어나고 있다.

미국은 우주 개발에 기대를 하고 있다. 달 표면에는 캘 필요도 없이 함량이 높은 희토류 덩어리가 깔려 있다. 나사NASA는 달 표면의 희토류 채굴을 심도 있게 진행하고 있으며 공급 라인을 만들겠다는 계획을 세웠다. 유인 달 탐사선 아르테미스의 주요 목적은 달에서의 희토류 채굴 가능성 점검이고, 2025년에는 달에 기지를 만드는 것이 목표다.

중국 역시 달에 무인 탐사선을 계속 보내며 달 표면에서 계속해서 암석 표본을 채취하고 있다. 달 탐사 경쟁은 결국 희토류 전쟁이 될 것이다.

▌메르의 인사이트

우주 진출을 학문적 호기심을 충족하는 정도로 보면 안 된다. 결국 큰돈을 벌 기회가 있어서 가는 것이다. 미국과 중국은 우주에서도 자원전쟁을 벌일 것이고, 그 과정에서 뜨는 기업과 견제받는 기업이 생길 것이다.

07
희토류가 움직이는 세계 2
(모터, 로봇, 그린란드)

모터는 전동기라고도 부른다. 전기로 동력을 얻는 기기라는 말이다. 전기자동차, 로봇 등 전기를 통해 운동력을 만들어야 하는 모든 제품에 모터가 들어간다. 테슬라의 로고 역시 100년 전 니콜라 테슬라Nikola Tesla가 만든 모터의 고정자와 회전자의 일부를 형상화한 것이다.

배터리가 빠른 속도로 진화하다 보니, 엔진에서 모터로 동력원이 전환되고 있다. 모터 역시 크기와 무게를 줄이면서도 더 정교하게 작동하고 큰 힘을 내도록 진화하고 있다. 기존 산업용 모터는 강력한 힘과 회전 속도가 중요했지만, 로봇 등으로 갈수록 정밀제

어의 중요성이 커지고 있다. 모터 기술의 차이에 따라 전기자동차의 동력 성능이나, 로봇과 같은 첨단제품의 성능을 좌우하게 된 것이다.

다관절 로봇은 3차원 공간에서 운동 성능을 발휘해야 하고, 물건을 집거나 용접하거나 잘라내야 하는 정교한 작업을 해야 한다. 로봇 관절마다 액추에이터Actuator(전기, 유압, 압축 공기 등을 사용하는 원동기)가 하나씩 장착되므로, 작고 성능 좋은 모터와 정밀제어 기술이 발달하지 않으면 인간처럼 자연스럽게 움직일 수 없다. 모터의 미세한 회전을 조절할 수 있는 센서가 부착되고, 한 방향으로만 도는 회전운동뿐만 아니라 왕복운동, 관절운동 등 다양한 움직임을 요구하므로 여러 용도의 액추에이터가 필요한 것이다.

지금까지 로봇은 센서와 객체 인식 프로그램으로 물체를 인식한 후 운동제어 프로그램으로 액추에이터를 동작시켰다. 최근에는 모터에서 나오는 회전량 데이터와 액추에이터 각도 데이터, 센서 데이터를 모두 연계해 딥러닝Deep Learning(컴퓨터가 스스로 외부 데이터를 조합, 분석해 학습하는 기술)으로 학습시킨 후, 객체 인식과 운동제어, 모터제어를 하나의 알고리즘으로 수행시키기 시작했다. 복잡한 말이지만, 데이터가 축적되고 더 많이 학습하면 할수록 빠르고 사람처럼 자연스럽고 정확하게 움직이는 로봇이 등장할 수 있다는 말이다.

중동에 기름이 있다면, 중국에는 희토류가 있다

모터 시장이 빠르게 커지고 있다. 모터의 성능을 높이는 데는 네오디뮴을 비롯한 강력한 희토류의 영향이 크다. 희토류는 첨가 물로 쓰이며, 국으로 치면 조미료의 역할을 한다. 아주 조금만 넣어도 어머니의 손맛이 나는 것이다.

희토류는 우리가 사는 상품을 더욱 작게, 더욱 빠르게, 더욱 힘 있게 만드는 역할을 한다. 희토류 중에 가장 많이 쓰이는 것은 네오디뮴이다. 네오디뮴을 넣어 자석을 만들면 자력이 10배 이상 강해지므로 그만큼 자석을 작게 만들 수 있다.

1982년 미국의 제너럴 모터스$_{GM}$는 어떤 자석보다 자력이 세고, 소형화하기 쉬운 Nd(네오디뮴)-Fe(철)-B(보론) 영구자석(이하 네오디뮴 자석) 제조법을 세계 최초로 개발했다. 같은 해, 일본의 스미토모 특수금속도 공정은 다르지만 같은 자석 제조에 성공해서 GM과 스미토모는 세계 각국에 각각 특허를 출원했다.

GM의 제조법은 자석의 크기와 형태를 다양하게 만들 수 있어 성능이나 활용도 면에서 뛰어났고, 스미토모의 제조법은 상대적으로 쉬운 공정에 저렴한 비용으로 생산할 수 있어 대량생산에 적합한 제조법이었다. 두 회사는 각자의 제조법을 서로 쓸 수 있게 교차특허Cross license를 맺어서 기술 공유에 합의했고, GM은 네오디움 자석의 상업화를 위해 마그네퀸치라는 자회사를 1986년 설립했다.

마그네퀸치의 최대 고객은 미 국방성으로, 이곳에서 생산하는 네오디움 자석의 85%를 미군이 납품받아 갔다. 1995년 마그네퀸치는 섹스턴트 그룹에 매각되었는데, 실제 마그네퀸치를 인수한 실소유주는 중국 국영기업인 삼환신재료고구기술공사였고, 삼환신재료를 실제로 소유하고 운영했던 주체는 중국과학원이었다.

이들은 중국에 마그네퀸치와 동일한 생산라인을 만들었다. 2000년이 되자 마그네퀸치의 네오디움 자석 생산설비를 비밀리에 부품 단위로 분해해 중국으로 옮겼다. 2003년, 마그네퀸치 생산설비 이전이 끝나자 미국 공장은 문을 닫고 종업원들을 해고한 후 중국에서 생산하기 시작했다.

당시 중국은 네오디움 자석에 들어가는 희토류는 충분히 있었지만, 특허와 기술이 없었다. 중국이 마그네퀸치를 소유해 특허와 기술을 확보한 것이다. 2010년이 되자 중국은 전 세계 네오디움 자석 생산의 75%를 차지하는 세계 1위 생산국이 되었다.

중국의 최고지도자 덩샤오핑은 "중동에 기름이 있다면, 중국에는 희토류가 있다"라고 말하며 희토류 자원을 확보하고 광맥을 본격 개발했다. 당시 마그네퀸치 인수를 지휘한 인물은 덩샤오핑의 둘째 딸이자 중국 과학기술부 부부장 덩난이었다. 아버지는 희토류 자원을 확보하고, 딸은 희토류 제련 기술을 입수한 것이다.

그린란드는 어떻게 희토류의 보물섬이 되었나

북대서양과 북극해 사이에 세계 최대의 섬 그린란드가 있다. 인구는 대부분 이누이트 원주민으로 5만 6000명 정도밖에 안 되지만, 한반도 10배 넓이의 약 210만km² 면적을 가지고 있다. 그린란드는 18세기 초 덴마크가 개척해서 덴마크 영토로 편입되었지만, 주민투표로 2009년부터 제한적 독립을 선언하고 자치권을 확대하고 있다.

그린란드는 영토의 85%가 얼음이고, 전체 수출의 90%가 새우와 생선이다. 덴마크어가 아닌 그린란드 토착어를 공용어로 채택했고, 지하자원 사용권과 입법, 사법을 독립적으로 행사한다. 국방, 외교, 통화정책을 제외하고는 덴마크에서 독립해 자치권을 보장받고 있다.

덴마크는 매년 그린란드 전체 세금 수입의 절반이 넘는 5억 6,000만 달러를 지원하면서, 그린란드가 다른 마음을 먹지 못하게 관리하고 있지만, 미국이 그린란드를 욕심내고 있다. 그린란드의 광물자원 때문이다.

그린란드에는 네오디뮴, 프레세오디뮴, 디스프로슘, 터슘을 비롯한 수많은 희토류가 매장되어 있고, 사람이 거의 살지 않는 지역이라 희토류를 채굴하고 제련하는 과정에서 주민들의 환경오염 피해도 최소화할 수 있다.

덴마크는 카리브해의 버진아일랜드를 미국에 헐값에 판매한 흑역사가 있는 나라다. 17세기까지 카리브해의 버진아일랜드는 덴마크 식민지였고, 덴마크는 이 섬에서 흑인 노예들을 이용해 사탕수수를 재배했다. 19세기 노예해방운동이 일어나자, 버진아일랜드의 사탕수수 농장은 인력난을 겪었고, 덴마크는 미국에 싸게 줄 테니 가져가라고 제안한다.

1917년 3월 31일, 미국은 2500만 달러에 버진아일랜드를 확보한다. 제2차 세계대전 종전 직후인 1946년, 미국 해리 트루먼Harry S. Truman 대통령은 덴마크에 그린란드도 1억 달러에 사겠다고 했지만, 버진아일랜드 매도를 실수라고 판단한 덴마크가 그린란드 매도를 거부했다.

그린란드 자치 허용이 덴마크의 또 다른 실수가 아닐까 하는 생각이 들 수 있지만, 덴마크는 나름의 경제적 안전장치를 마련했다. 그린란드에서 나오는 자원의 수익에 대해 1억 유로까지는 그린란드가 100% 가져가지만, 1억 유로 초과분부터는 그린란드와 덴마크가 반반을 가져가기로 계약을 하고 자치를 허용했다.

2022년 그린란드 총선은 이른바 '희토류 총선'이었다. 그린란드 남서부에 있는 크바네펠트 광산에는 1000만t 이상의 광물질이 묻혀 있는데, 이곳에서 희토류를 채굴하느냐 마느냐로 그린란드 여야가 격돌했다.

크바네펠트 광산은 중국 이외 지역에서 가장 많은 희토류 생산이 가능한 광산이다. 호주계 광산회사인 그린란드 미네랄이 주축이 되어 개발을 추진하고 있으며, 그린란드 미네랄의 최대 주주는 중국 기업 셍허자원지주다.

총선에서 여당인 시우무트당이 이기면 크바네펠트 광산이 중국 영향하에 개발되며 세계 희토류 시장에서 중국의 독점력이 더욱 강화될 상황이었지만, 야당인 이누이트 아타카티기이트당이 37%를 득표해서 29%를 얻은 시우무트당을 눌렀고, 그린란드 미네랄 주도의 크바네펠트 광산 개발은 보류되었다. 그린란드 총선은 5만 6000명이 치룬 선거였지만, 희토류 확보 전쟁에서 중요한 선거였다.

2020년 미국은 그린란드에 총영사관을 설치했고 국무장관 토니 블링컨Tony Blinken이 그린란드로 날아가서 1,000만 달러 원조 계획을 밝혔다. 중국도 그린란드 3곳에 중국 일대일로一帶一路(중국이 추진 중인 신 실크로드 전략) 차관을 지원해 공항 건설을 하려고 했다. 하지만 미국의 저지로 모두 무산되었고, 그린란드 희토류 투자에 아마존 창업자 제프 베이조스Jeff Bezos와 빌 게이츠, 투자자 레이 달리오Ray Dalio 등 미국 거부들이 뛰어든 상황이다.

그린란드의 희토류에는 숨겨진 가치가 더 있다. 희토류는 경희토류, 중中희토류, 중重희토류로 분류된다. 두 중희토류의 이름이 같지만, 한자로 보면 가운데 중中을 사용한 중희토류와 무거울 중重을 사용한 중희토류로 의미가 다르다.

경희토류와 중中희토류는 세계 각지에 분포되어 매장량이 많고 채굴 난도가 높지 않지만, 중重희토류는 중국 장시성에서 대부분 채굴된다. 중국을 제외하고 거의 유일하게 중重희토류를 생산할 수 있는 곳이 그린란드의 크바네펠트 광산이다. 그린란드 희토류 투자에 미국 최고 투자자들이 뛰어든 숨은 배경이다.

메르의 인사이트

희토류 우주 전쟁은 미래의 이야기지만, 그린란드의 희토류는 눈앞의 현실이다. 중국의 영향을 받지 않는 희토류 공급망에 그린란드가 희토류를 공급할 것인지 여부에 따라 희토류의 가치는 변할 것이다. 경희토류는 중국 외에서도 생산되고 있지만, 중(重)희토류는 거의 중국에서만 생산되고 있다. 그린란드의 크바네펠트 광산은 현재 중국 외 거의 유일한 중(重)희토류 생산 광산이 될 수 있다. 크바네펠트 광산이 미국 주도로 개발되어 미국이 중(重)희토류까지 확보할 수 있을지가 관전 포인트다.

08
우크라이나 전쟁이 일으킨 나비 효과

폴란드는 역사적으로 러시아와 사이가 좋지 않았다. 혈통 측면에서 러시아와 폴란드는 같은 슬라브 계통이지만, 폴란드는 가톨릭을 받아들이면서 서방권으로 편입된 반면, 러시아는 정교회를 받아들이며 분리되었다.

1795년 러시아 제국이 폴란드를 점령한 이후 러시아는 폴란드인들에게 가톨릭과 폴란드어 사용을 하지 못하게 하는 등 많은 차별 정책을 펼쳤다. 폴란드는 제2차 세계대전 이후 소련의 위성국으로 박해를 받은 후 소련 연방이 해체되며 독립했지만, 폴란드 국민은 소련에 감정이 쌓여 소련의 후예인 러시아를 철천지 원수로 여긴다고 한다.

단일민족 국가라는 점도 국민을 하나로 뭉치게 한 이유다. 폴란드 땅에 살고 있던 유대인들은 나치 독일의 강제수용소에서 대부분 사망하거나 미국 등으로 이민을 떠났다. 프로이센 남부 지역에 많이 살았던 독일인들은 독일이 패전하며 철수할 때 같이 추방되었다. 그래서 현재 폴란드 인구의 97%가 폴란드인이고, 인구의 90%가 가톨릭을 믿는 단일 성향 민족이 된 것이다. 이런 국민감정이 정치에 반영되어 러시아가 우크라이나를 침공한 바로 다음 날에 우크라이나에 무기를 제공했다.

폴란드는 러시아가 우크라이나를 침공하는 것을 보자마자 국방비를 크게 늘렸다. 북한과 대치하고 있는 한국이 GDP의 2.54%를 국방비로 쓰는데, 폴란드는 GDP의 5%까지 국방비를 늘려서 군대를 현대화하고 15만 병력을 25만 명까지 늘리겠다고 발표했다. 유럽 국가들이 대 러시아의 최전방인 폴란드에 EU 지원금을 거액으로 몰아주고 있어, 폴란드 정부도 이번 기회에 꾸역꾸역 혼용하던 구 소련제 무기를 우크라이나에 넘겨주고, 자신들의 국방체계를 나토NATO 표준 신무기로 완전히 바꾸려는 것이다.

미국과 유럽 입장에서 폴란드는 우크라이나와 함께 중부 유럽을 지키는 최후의 수문장이다. 폴란드 외 주변국에 러시아 전력을 분산시킬 수 있는 군사력을 가진 국가가 없기 때문에 그렇다.

폴란드의 걱정은 국경부터 수도 바르샤바까지 이렇다 할 자연 방어선이 없고, 폴란드군이 방어해야 할 전선이 900km로 넓은 것이다. 이런 상황에서 인접국 우크라이나가 러시아의 공격을 받아, 자체 국방력을 강화해야 할 필요가 커졌다.

우크라이나 · 러시아 전쟁으로 중요해진 무기

이번 우크라이나·러시아 전쟁을 통해 가치가 높아진 무기는 중포와 전차다. 폴란드는 미국과 240대의 에이브람스 전차 도입 계약을 맺었다. 하지만 에이브람스 전차는 무게가 많이 무거워서 늪지가 많고 지반이 약한 동유럽에 여러 가지 곤란한 점이 많다.

미국은 공병이 강하고 전장을 장악하는 능력이 좋아, 전차가 독자적으로 잠수 도하를 할 필요성이 없다고 보고, 에이브람스 전차의 설계에서 잠수 도하 기능을 빼버렸다. 이런 이유로 미국의 에이브람스 전차는 강력하지만, 하천과 늪지가 많고 공병이 약한 폴란드로서는 운용에 장애가 많은 전차가 되었다.

지금까지 유럽 지역에서는 독일제 레오파르트2 전차가 주도했다. 독일을 포함해서 유럽 지역이 25년간 군비를 축소하고 있어, 레오파르트 전차는 사우디 수출 계약을 기대하며 생산라인을 유지해왔다. 하지만 독일 의회가 사우디의 빈 살만이 자말 카슈끄지 암살사건을 일으키자, 인권을 앞세워 사우디와 수출 계약을 뒤엎어버렸다. 사우디를 기대하며 운용되던 레오파르트 전차 생산라인이 중단되었고, 생산라인을 재가동하려면 많은 시간이 필요한 상황이 되어버린 것이다. 레오파르트 전차 생산라인을 재가동하더라도, 재무장하려는 독일 자체 수요를 충족하기에도 역량이 부족하다.

독일은 폴란드가 보유한 T72 전차 200여 대를 우크라이나에 보내주면, 독일제 신형 전차로 대체해 주겠다고 제안했다. 일단 폴란드에 제안한 후, 독일은 보유한 600대의 신형 레오파르트2 전차를 점검했는데 문제가 발견되었다. 실전에 운용하고 있는 300대의 레오파르트2를 제외하고, 비축용 300대를 점검하니 결함이 많아서 보내기가 힘들었던 것이다. 독일은 폴란드에 현재 퇴역시키고 있는 구형 레오파르트1 전차 100대를 대신 보내주겠다는 제안을 해서 폴란드가 발칵 뒤집어지는 일도 있었다.

독일 앙겔라 메르켈Angela Merkel이 총리가 된 후 25년간 군축을 한 것이 문제였다. 독일은 장비를 개발하는 노하우가 줄어들었고, 기존 장비로 버티는 세월이 몇십 년이 흐르자, 노후한 기존 장비 유지 보수비가 신규 장비 도입 비용만큼 오른 상태가 된 것이다.

한국 방위 산업의 미래

한국이 거의 유일한 무기 공급처가 될 것 같다. 한국은 북한과의 전면전을 가정하고 무기 체계를 발전해왔고, 북한 무기의 기본은 러시아제다. 한국의 K2 전차와 K9 자주포는 북한이 보유한 러시아 전차와 포병에 대응하기 위해 설계되고 만들어졌다. 한국은 러시아 병기로 무장한 적과 수십 년간 대치한 상태로 무기를 실전에서 운용하며 전면전을 대비해 온 국가인 것이다.

한국의 K2 흑표 전차는 미국 에이브람스 전차보다 훨씬 가볍고, 자체적인 도하 능력을 가지고 있다. 기능을 조금만 보강하면 폴란드의 웬만한 하천은 K2 전차의 자체 도하 능력으로 공병의 지원 없이 건널 수 있다.

전투기 쪽을 보면, 폴란드가 당장 공급받기 원하는 전투기는 록히드 마틴의 F16이다. 문제는 록히드 마틴이 F35를 생산하기 위해 F16 생산라인을 축소한 상태라는 점이다. 록히드 마틴이 다시 생산라인을 확대해서 F16을 공급받으려면 빨라야 2030년은 되어야 하는데, 폴란드는 그때까지 기다리기 힘든 상황이다.

한국이 만드는 경공격기인 FA50도 F16의 대안으로 나쁘지 않다. FA50은 F16을 만드는 록히드 마틴과 공동 개발한 경전투기라 조종석이 F16과 동일하고, 부품도 85% 이상 호환된다. 사실, 폴란드가 F16 이후에 궁극적으로 도입하려는 전투기는 F35이다. 하지만 F35는 도입까지 시간이 많이 걸리고, 대당 가격이 엄청나게 비싼 전투기라 폴란드의 경제 규모로는 많은 대수를 도입할 수 없다. FA50으로 조종사 훈련과 항공 경찰 역할을 하면서 F16이 오기 전 준비를 하고, 향후에도 F35과 믹스해서 운용하는 전략을 사용할 수 있는 것이다.

마침 한국항공우주산업KAI은 한국 공군이 F5 대체를 위해 FA50을 추가 주문한 물량이 있다. 해당 물량을 한국 공군 양해하에 폴란드로 먼저 보낼 수 있어 빠른 납품이 가능한 것도 장점이다.

이런 협의와 검토 과정을 거쳐서 2022년 7월 27일, K2 흑표, K9 자주포, FA50 등의 25조 원 규모의 구매 합의가 성사되었다. 단순한 의향서인 업무협약MOU이 아니라, 함부로 취소할 수 없는 강제력 있는 합의서라 확실한 수주다.

폴란드의 의지가 확실하니 조건도 좋다. 보통 군사 장비 납품은 선수금 10%가 일반적이다. 10%를 먼저 계약금으로 받고, 납품이 진행되는 과정에 따라 중도금과 잔금을 받는 방식이다. 하지만 공개된 재무제표를 보니 선수금이 10%가 아니라 30%로 확인된다. 운영자금 부담 없이 선수금만으로 비용을 충당하면서 공장을 돌릴 수 있는 것이다.

폴란드는 현재 가지고 있던 재고 무기의 상당수를 우크라이나에 넘겨준 상태로 이른 시간 내 부족한 재고를 보충해야 한다. 만들어지는 대로 공급해야 하는 무기 분량이 K2 흑표 전차 1000대, K9 자주포 672문, FA50 비행기 48대로, K9 672문은 현재 한국군이 가지고 있는 전체 K9 자주포 수량의 60%에 육박하는 엄청난 규모다.

K10 탄약 보급 장갑차, K11 사격 통제 지휘 차량, 보병 장갑차, 천무 다연장로켓 등 후속 수주 협상도 계속 이어지고 있다. 과거 중국인들이 청담동 루이비통 매장에 들어와 여기부터 여기까지 다 달라는 쇼핑과 유사한 상황인 것이다.

KAI는 FA50 국제 비행학교를 폴란드에 설립해 조종사를 양성해주기로 했다. 그동안 중부 유럽에는 조종사 양성 교육기관이 없어 조종사들이 미국에서 교육을 받아야 했다. 폴란드에 국제 비행학교가 설립되어 FA50 훈련을 받으면 F16 등 호환되는 미군기를 빠르게 실전에 사용할 수 있을 것이다.

육군은 한국에서 사전 교육을 해줬다. 2022년 10월에 폴란드 육군 '제16기계화사단' 병사들이 한국에 미리 와서 K2 전차와 K9 자주포 조작 훈련을 받고 갔다. K2 흑표 180대와 K9 자주포 212문은 새로 만들어주는 게 아니라 기존 한국 재고분을 공급해주는 것으로, 탄약을 포함해 각각 33억 7,000만 달러와 24억 달러에 우선 공급된 것이다. 이 패키지에는 병사들의 훈련비도 포함되어 있다.

군사 무기는 제품에 큰 충격이 가해지는 일이 많아 일반 제품보다 부품 수명이 짧다. 부품 교체가 빈번하기에 일단 무기만 판매하면 이후 부속 판매로 제품 판매보다 더 큰 수익을 거둘 수 있다.

한국은 무기나 부품 판매 외에 더 큰 이익이 있다. 전차와 자주포 등을 대량생산하면, 한국이 가지고 있는 동일 장비들의 납품단가와 유지비도 동시에 낮아질 수 있다. 무기 업그레이드도 빨라진다. K9의 경우 2027년으로 예정돼 있던 A2형의 개발 완료 일정을 이번 계약 덕에 2년 정도 앞당길 수 있게 되었다. 폴란드와 방산 계약 체결 이후, 그동안 논의만 해오던 체코, 이집트, 필리핀, 말레이시아, 아일랜드와 같은 나라들도 협의에 속도를 내기 시작했고, 방산장비 전시회인 '대한민국 방위산업전 2022 DX KOREA 2022'에 이들 국가의 국방, 외교 인사들이 대거 참여하기도 했다.

폴란드의 장비는 과거 소련제 무기와 새로 들어오는 나토 무기로 이원화되어 있었다. EU로부터 군수 지원을 받기 위해서는 나토 규격에 호환되는 군사 장비로 개비하는 게 효율적이라, 이번 기회에 가지고 있던 구 소련 장비를 모두 우크라이나로 넘겨버리고 나토와 호환되는 군사 장비로 다시 장만하는 것이다.

현재 폴란드가 원하는 수준의 무기를 만드는 서방권 나라는 미국, EU, 이스라엘, 일본, 한국 정도다. 이 중에서 원하는 기간 내에

원하는 수량을 공급할 수 있는 나라는 현재 한국이 거의 유일한 것 같다. EU국들은 군축으로 제조 역량이 많이 떨어졌고, 공급 생산 능력도 많지 않아서 자기 나라 물량을 채우기도 힘든 상황이다. 이들이 지금부터 생산능력을 확대한다고 하더라도 연구·개발, 인력 모집, 공장 확충 등을 생각하면 몇 년 안에 공급은 불가능에 가깝다. 폴란드는 당장 무기가 필요하다.

미국은 판매는 하지만 현지 생산을 잘 하지 않는 나라인데, 폴란드는 최종적으로 현지 생산을 원해서 진도가 나가지 못하고 있다. 이스라엘은 폴란드에서 행해진 유대인 박해 등이 있어서 두 국가의 국민 정서가 그다지 좋지 않고, 이스라엘이 폴란드에 무기를 공급하면 러시아가 중동에 러시아제 무기를 뿌릴 우려가 있어 진행이 쉽지 않다. 일본은 미제보다 무기가 비싸서 가성비가 좋지 않고, 일본 내부 규격에 특화되어 있어 다른 나라가 쓰기 쉽지 않아 가능성이 가장 희박하다.

한국은 기본적으로 모든 장비가 나토 표준 규격을 충족하고, 미군 무기에서 파생된 것들이라 이런 문제가 없다. 한국의 K2 전차와 K9 자주포가 폴란드에 도착했고, 대통령은 수도에서 4시간이 걸리는 해군기지까지 나와서 환영하는 모습을 보였다. 2023년 3월에 진행된 K2 전차와 K9 자주포 사격 훈련에서 4대의 K2 전차 등을 동원해 1.2~2.7km에 떨어진 표적에 실제 사격을 했다.

사격 결과 1.2km 거리의 1발을 제외하고, 2.5~2.7km 표적 등 나머지 표적을 모두 명중했다. 특히 일부 차량은 2022년 10월 한국에 가서 6주간 훈련을 받고 돌아온 폴란드군이 투입되어 진행한 훈련이다. 산과 민간인이 많아 한국에서는 실제 사격을 할 수 없었던 2.5~2.7km 표적을 모두 명중시켜 평지가 많은 폴란드군을 만족시켰고, 폴란드는 K2 1000대와 미국 M1A2 전차 240대로 전차 전력을 확정한 것으로 보인다. 2022년에 K2 전차 1000대 외에 K9 자주포 672문, FA50 경공격기 48대, 천무 다연장로켓 288문에 대한 1차 계약이 체결되었다. 1차 계약은 120억 달러(약 15조 6,000억 원)이지만, K10 탄약 보급 장갑차, K11 사격 통제 지휘차량, 보병 장갑차 등, 탄약과 후속 군수 지원 등 전체 물량을 합치면 폴란드에서만 400억 달러(약 52조)의 수출 물량이 예정되었다.

2023년 4월, 우크라이나에서 국적을 알 수 없는 구 소련제 전투기인 미그29가 발견되었다. 폴란드가 보유한 미그29가 우크라이나로 넘어간 것으로 보이며, 이제 한국 수주를 되돌릴 단계는 지난 듯하다.

메르의 인사이트

한국의 경쟁력을 알려면 경쟁국의 상황을 알아야 한다. 이는 경쟁력을 파악하기 위한 필수적인 접근법이다. 하나만 보지 말고 연결해서 보는 습관이 안목을 높인다. 한국의 방위 산업은 이제 시작이다.

09

인도네시아 수도 침몰이
가져오는 기회

인도네시아 수도 자카르타는 계속 땅이 가라앉고 있다. 그래서 해수면 이하 지역이 점점 넓어지고 있다. 바다에 방벽을 쌓아서 버티고 있지만, 해수면 밑으로 땅이 가라앉는 곳이 계속 늘어나고 있는 상황이다. 가장 속도가 빠른 곳은 1년에 25cm씩 가라앉는 수준이라, 2030년이 되면 인도네시아 대통령 궁도 해수면 밑으로 내려갈 것으로 예상된다.

미국 바이든 대통령이 자카르타 침몰을 언급해 인도네시아에서 난리가 난 적이 있다. 인도네시아 정부는 2050년까지 침몰을 예상했는데, 바이든 대통령이 10년 안에 침몰이 예상된다는 언급을 한 것이다.

인도네시아 정부보다 바이든의 발표가 현실과 가까운 것으로 점점 확인되고 있다. 북부 자카르타는 매년 25cm씩 가라앉아 최근 10년간 2.5m 이상 가라앉았고, 다른 지역도 빠른 속도로 가라앉고 있다고 한다. 특히 북부 자카르타는 10년 전 관측에서 매년 14cm씩 가라앉다가 최근에는 속도가 25cm로 더 빨라졌다. 서부 자카르타는 매년 15cm, 동부 자카르타는 10cm, 중앙 자카르타는 2cm씩 가라앉고 있는 것으로 확인됐다.

인도네시아가 수도를 이전하는 이유

결국 2022년 1월 18일, 인도네시아는 '수도 이전법'이 국회를 통과하며 이전을 확정했다. 친환경 미래 신도시 등 거창한 신수도 계획을 발표하면서 이전 준비를 하고 있지만, 속사정은 수도가 물속에 가라앉고 있어서 이전하는 것이다. 자카르타가 물에 가라앉는 이유로 지구온난화로 인한 해수면 상승 등 기후변화를 운운하는 보도가 많지만 사실과 차이가 있다.

1900년대만 하더라도 11만 명이 살던 자카르타는 인도네시아의 수도가 되면서 인구가 계속 늘어나 2021년 1000만 명을 넘었다. 13개의 강이 모이는 강 하구 늪지대 무른 땅에 도시를 만들었는데, 자카르타의 상수도 보급률이 60%밖에 안 되는 게 문제였다. 주민들은 상수도가 안 들어오자, 우물을 파내서 지하수를 뽑았고 그 지하수가 있던 공간이 비게 되었다.

원래 지하수를 뽑아내도 비가 오면 다시 채워지는 게 일반적이지만, 자카르타는 지면 대부분이 도시화로 아스팔트와 콘크리트로 덮여 있다. 빗물이 지하로 제대로 스며들지 못하는 상황에서 400만 명 이상이 지하수를 매일 쓰고 있으니 땅이 감당하지 못하고 꺼지는 것이다.

여기에 가끔씩 오는 자잘한 지진이 침수 속도에 영향을 더 키웠다. 자잘한 자갈들을 그릇에 담고, 그릇을 옆으로 흔들면 자갈 더미의 높이가 낮아지는 원리와 비슷하다. 지하수의 대안을 마련해야 사용을 막을 텐데 아직 자카르타의 상수도 보급이 부족해 지하수 사용을 막을 수 없는 상황이다.

자카르타는 한국의 팔당댐과 비슷한 자티루후르댐이 유일하게 수돗물을 공급하는 상수원이다. 하지만 양식장과 수상 식당 등이 많아 수질이 좋지 않아서 자티루후르댐에서 오는 수돗물을 생활용수로 쓰더라도 식수로는 쓰지 못한다. 특히 수상 식당들은 별도 화장실이나 음식물 쓰레기 처리 시설이 없어 대소변이나 음식물 쓰레기를 바로 상수원에 버려 사람들이 그 물을 식수로 쓰기 꺼린다.

현재 해안 지역은 이미 한계에 도달했다. 해안가 쪽 거주지들은 바다 쪽에 둑을 2m 이상 계속 높이며 버티고 있지만, 땅이 내려앉는 속도가 너무 빠른 것이다.

한국 건설사들의 새로운 기회

주거지의 위치가 해수면보다 낮아 생활용수가 자연스럽게 바다로 흘러들어 가지 않는 문제가 생겼다. 펌프로 물을 바다로 퍼내고, 비만 오면 침수가 일상이 되었다. 지하수도 슬슬 못 쓰게 되는 상황이다. 물을 쓴다고 지하수를 퍼낸 자리에 바닷물이 침투해 짠물이 나오는 곳이 늘어나 해안 지역 주민들은 평균소득(약 30만 원)의 4분의 1인 약 90만 루피(7만 3,000원)를 생수 값으로 내는 사람들이 많아졌다.

자카르타 침수 원인을 기상변화로 인한 해수면 상승을 이야기한다. 하지만 기후변화로 인한 해수면 상승은 2050년까지 30년간 총 25cm 상승하는 수준이고, 지반 침하는 매년 25cm가 꺼지는 수준이라 기상변화보다 지반 침하에 의한 인재에 가깝다고 봐야한다. 인도네시아가 보르네오섬의 누산타라로 수도 이전을 확정할 수밖에 없었던 배경이다.

일단 대통령궁과 핵심 관공서의 이전이 먼저 시작된다. 2024년 8월 대통령궁과 관련 공무원의 이전이 완료되고, 50만 명이 살 수 있는 1단계 공사를 완료할 예정이다. 인도네시아의 건설사들이 공사를 시작했고, 1단계 공사에만 327억 달러가 들어간다.

인도네시아의 10대 건설사는 민간이 아니라 국영 건설사다. 도로를 깔고 전기나 수도 등을 연결하는 인프라 건설 위주의 건설사다. 대통령궁, 국회, 대법원, 행정부 등을 이전하는 1단계 공사보다 2045년까지 계획된 2~3단계 공사가 훨씬 규모가 큰 공사다. 인도네시아는 핵심 지역 주변으로 6개 위성도시를 건설할 계획이고, 이곳은 대부분 민관합작사업이나 민간사업으로 진행할 예정이다. 인도네시아는 앞으로 30년간 대대적인 수도 이전 개발을 진행할 예정이다.

한국의 건설사는 이런 공사의 전문가다. 세종시 이전 등으로 경험이 쌓인 한국의 건설사는 사막에 말도 안 되는 일자형 도시를 세우는 사우디의 네옴시티보다 인도네시아 수도 이전에 관심을 보이고 있다.

하지만 정치가 가장 큰 문제가 될 수도 있다. 2024년 인도네시아 대선이 예정되어 있다. 수도 이전을 추진하고 있는 조코 위도도Joko Widodo 대통령은 연임 제한에 걸려 3선 도전이 불가능한 상황이다. 2014년 대선에서 46.8%, 2019년 대선에서 44.5%의 아슬아슬한 2등으로 조코 위도도에 패한 프라보워 수비안토Prabowo Subianto의 3번째 도전 승리 가능성이 꽤 높다. 프라보워가 대선에서 이길 경우 어떤 변수가 생길지 모르니, 한국의 기업과 건설사들은 아랍에미리트UAE 국부펀드 등 나름 든든한 곳에서 투자하는 건설 현장에 우선 수주를 진행하고, 대선 상황을 지켜보면서 본격 진입을 시도하는 것이 좋을 것이다.

◤ 메르의 인사이트

인도네시아는 기후 이변으로 가라앉는 게 아니다. 수도에 몰려든 인구, 사람들이 사용하는 지하수 등 구조적인 문제가 있다. 인도네시아 수도 이전을 지켜보면서 기회를 잡는 한국 회사, 특히 건설사에 주목하자.

2장

관점을 바꾸면
기회가 보인다

01
미국이 이기적으로 바뀐 이유

과거 미국은 하루 1200만 배럴의 석유를 수입해야 나라가 돌아가던 에너지 수입국이었다. 이스라엘과 아랍권의 중동전쟁으로 아랍권은 석유 무기화를 시도했다. 사우디의 석유부 장관 아메드 자키 야마니Ahmed Zaki Yamani의 주도로 석유수출기구OPEC가 똘똘 뭉쳐서 이스라엘을 지지하는 국가에 석유 수출을 감산한 것이다.

야마니는 OPEC이 매달 5%만 감산해도 시장에 큰 충격을 줄 수 있다고 주장했고, 그의 말대로 시장에 쇼크가 왔다. 배럴당 2.9달러였던 원유가는 한 달 만에 12달러로 4배 이상 폭등했고, 아메드 자키 야마니는 '미스터 오일, 석유 황제'라는 별명을 얻으며, 세계 석유 시장에 막대한 영향력을 행사하게 되었다.

당시 한국도 석유 가격 상승 여파로 1973년 3.2%였던 물가 상승률이 1974~1975년 연 25%로 폭등하며 서민들이 큰 고통을 겪었다. 한국은 정부 주도의 고강도 석유 절약 캠페인과 달러가 넘쳐나는 중동으로 건설사들이 진출해서 벌어오는 달러로 '1차 오일쇼크'를 극복했다.

요즘 재건축으로 이슈가 된 부산 광안리 삼익비치타운 등 1970년대 후반에 지어진 아파트의 엘리베이터가 층마다 서지 않고 층과 층의 중간에 서는 '2개 층당 1' 엘리베이터 형태로 지어진 이유가 고유가로 인한 강도 높은 에너지 절약 정책 때문이었다.

1979년에는 이란 혁명으로 '2차 오일쇼크'가 터졌다. 하루 600만 배럴 분량이던 이란산 석유 생산량이 팔레비 왕조를 무너뜨리는 파업 과정에서 200만 배럴까지 떨어지자 세계 석유 가격이 한 번 더 쇼크를 받았다. 이란은 아야톨라 루홀라 호메이니Ayatollah Ruhollah Khomeini가 정권을 확실하게 장악한 1979년 3월 원래 수준으로 공급을 회복했지만, 사우디를 중심으로 한 OPEC이 물량을 조절하며 올라간 가격을 계속 유지시켰다.

당시 미국은 폴 볼커Paul Adolph Volcker 연준 의장 주도로 인플레이션을 잡기 위해 기준금리를 19% 이상 올릴 수밖에 없었고, 고금리에 중소기업의 40% 이상 도산하고, 실업률이 10%를 넘어가는 고통을 5년 가까이 겪으면서 인플레이션을 간신히 잡을 수 있었다.

산유국의 비공식적인 담합에 의한 물량 조절은, 영국 마거릿 대처Margaret Thatcher 내각이 1981년 런던 국제석유거래소를 설립하고, 미국 로널드 레이건Ronald Wilson Reagan 정부가 1983년 뉴욕상품거래소에서 원유 선물거래를 시작하면서, 비공식적인 담합이 공개적으로 노출되자 완전히 사라진 것은 아니지만 줄어들었다.

이후 유가는 1991년 걸프전쟁 때 급등했고, 1998년 아시아 외환 위기 때 9달러까지 떨어지는 등 변동성은 줄어들지 않았지만, 미국의 석유 수입 비중은 계속 높아졌다. 미국은 1차 오일쇼크 때 석유 소비량의 35%를 수입했는데, 2005년에는 수입 비중이 60%까지 올라가는 등 석유의 안정적인 확보는 갈수록 중요해졌다.

이때부터 석유를 수출하는 중동 문제와 석유 수송로를 지키는 해상로 안전 확보 문제가 미국의 사활적 문제가 된다. 미국은 석유를 가장 중요한 핵심 이익이자 혈액과 마찬가지로 인식했다. 중동 석유를 미국으로 안전하게 수송하기 위해 걸프만 해역과 중동 지역에 미군을 주둔시켰으며, 해상으로 수송되는 석유의 40%가 통과하는 호르무즈 해협에는 최소 한 척 이상의 핵항공모함 전단을 항상 배치했다.

미군 해군이 해상무역로를 지켜주는 덕택에 미국의 우방국이든 적대국이든 관계없이 안전한 항해를 보장받았고, 중국의 유조선조차 미국이 보장해주는 바닷길을 이용해서 안전하게 항해를 할 수 있었다.

2016년 5월 미국 노스캐롤라이나주 에너지 콘퍼런스에서 트럼프는 다음과 같이 말했다.

"미국의 적국이 더 이상 에너지를 무기로 사용할 수 없는 세상을 상상해보라. 멋지지 않은가. 내가 대통령 임기를 마칠 때면 미국은 온전한 에너지 독립을 이뤄낼 것이다."

5년 뒤인 2021년, 트럼프의 말이 실현되었다. 미국 에너지 정보청이 미국 원유, 천연가스 수출액이 수입액을 초과했다고 발표했다. 미국이 에너지 독립을 이루고 수입국에서 수출국으로 바뀐 것이다.

2013년까지만 해도 지구의 석유는 고갈되고, 석유 생산이 정점을 지나 석유 생산이 줄어든다는 것이 일반적인 생각이었다. 그런데 셰일 에너지를 경제성 있게 캐내는 기술이 개발되었고, 미국은 영토 내에서 엄청난 셰일 에너지를 확인한다. 인류가 지난 100년 간 소비한 석유가 1조 배럴인데, 미국 회계감사원 평가에 따르면 미국 그린리버 분지에만 3조 배럴 규모의 셰일 에너지가 매장되어 있는 것이 확인되었다.

미국이 에너지 자립에 성공한 이후

미국이 에너지 자립에 성공하니 세계를 보는 시각이 달라졌다. 미국은 베네수엘라 기름의 최대 수입국이었고, 기름이 귀하던 시절에 베네수엘라는 미국에 거드름을 부리곤 했다. UN에서 조지 부시George W. Bush 다음 날 연설을 하게 된 베네수엘라의 4선 대통령 우고 차베스Hugo Rafael Chavez Frias는 "어제 여기 악마가 다녀갔습니다The devil came here yesterday"라는 식의 농담으로 부시를 조롱하기도 했다. 베네수엘라가 미국 근처에 있는 산유국이라 기름을 전략 자원으로 수입하던 미국은, 차베스의 반미에도 웬만하면 참고 넘어갔다. 베네수엘라가 석유 생산을 하지 않으면 세계 석유값이 폭등하고, 최대 석유 수입국인 미국이 고통받는 구조였기 때문이다.

베네수엘라의 좌파 대통령이 미국을 조롱해도 참고 참았는데, 미국이 수출국이 되면서 더 이상 참을 필요가 없어졌다. 이제 미국 대통령에게 중요한 것은 에너지의 안정적 확보가 아니라 자신을 앞으로 뽑아줄 유권자를 만족시키는 것이다. 베네수엘라에 정치 혼란이 생겨 석유 수출이 줄어들어도, 괴로운 것은 베네수엘라이고 미국의 석유 수출 시장은 커졌다.

중동도 마찬가지다. 미국이 중동 눈치를 볼 이유가 없어졌다. 이제 중동은 더는 어르고 달래야 할 대상이 아니고, 미국이 세계 경찰 노릇을 꼭 할 필요가 없어진 것이다. 미국 전략가 피터 자이한Peter Zeihan은 "미국이 앞으로 한국의 비무장지대DMZ를 지켜줄 이유가 없다"고까지 말한다.

북한의 핵도 마찬가지다. 미국에 위협을 끼칠 대륙간탄도미사일ICBM도 꼭 해결해야 할 숙제지만, 미국 입장에서 북한이 제대로 된 운반체 없이 핵무기만 보유하는 것은 파키스탄보다 좀 더 미치광이인 나라가 핵을 가진 정도의 문제인 것이다. 북한이 미국의 관심을 끌기 위해 ICBM 발사에 집중하는 이유이기도 하다.

바이든이라고 달라진 것은 없다. 트럼프보다 좀 더 은밀하고 세련되지만, 에너지를 자립한 미국은 세계의 경찰이 될 필요성을 점점 적게 느끼기 시작했고, 미국 국민의 표를 잘 받을 수 있는 미국 우선주의America First가 미국의 기본 전략이 되었다.

메르의 인사이트

주식투자든 국제관계든 과거의 미국이 아니라, 이기적으로 바뀐 미국을 가정하고 예상해야 실수를 줄일 수 있다.

02
미국의 리쇼어링과
니어쇼어링

미국은 일자리가 계속 늘어나는데 구직자가 부족하다. 자동차와 반도체 등 첨단산업 위주로 제조업이 미국으로 돌아오며 일자리가 계속 늘어나고 있다. 미국으로 돌아온 일자리는 2010년만 하더라도 6011개밖에 되지 않았다. 트럼프가 대통령이 되면서 미국 우선주의를 외쳤고, 미국으로 돌아온 일자리는 2020년 18만 1037개까지 늘었다. 바이든이 대통령이 된 이후에도 2022년 말에 34만 8493개의 일자리가 미국으로 돌아왔다.

2022년 미국에 일자리를 가장 많이 만들어준 나라는 한국, 베트남, 일본 순이다. 한국은 34개의 기업이 미국에 진출하며 3만

5403개의 일자리를 만들었고, 베트남은 2만 2500개, 일본이 1만 4349개의 순으로 일자리를 만들었다.

이러한 리쇼어링Reshoring(해외 이전 생산 시설의 복귀)은 한 권의 책에서 시작되었다. 《힐빌리의 노래Hillbilly Elegy》가 2016년 6월 출간된 후 55주간 베스트셀러에 오르며 미국을 강타했다. 이 책은 이렇게 정리할 수 있다.

힐빌리는 산골 마을 백인을 뜻하는 단어로, 미국의 쇠락한 공업지대인 러스트 벨트에 사는 가난하고 소외된 백인 하층민을 지칭한다.

저자가 살았던 미들타운은 AK 스틸(1989년 암코 스틸과 가와사키 스틸의 합병으로 탄생한 기업) 본사가 있던 오하이오주 남부의 지방 도시였다. 중국의 싼 철강 제품이 수입되면서 AK 스틸이라는 지방 도시의 대기업이 무너졌고, 여기에 다니던 노동자들의 삶도 같이 무너졌다. 한때 안정적인 직업과 중산층 이상의 경제적 부를 누리던 미들타운 시민들이 직장을 잃으면서, 마을에서 술 먹고 욕하고 싸우는 게 일상이 되었고 가정 폭력이 난무하게 된다.

초등학생이었던 저자는 하교를 알리는 종이 울릴 시간이 가까워지면 가슴이 쥐어짜듯이 아파졌다고 한다. 어머니는 마약중독에 한 달마다 남자친구가 바뀌고, 아버지는 실직 후 집을 나가 돌아오지 않는 등 기본적인 울타리조차 파괴된 가정이 이 마을의 평균적인 삶이었다.

저자가 꼬박 2주를 아르바이트해서 받은 급료로도 사 먹기 힘든 티본스테이크를 이웃집 마약중독자는 실업수당으로 사 먹고, 앞집에 놀고먹는 흑인 여성은 정부가 준 식권으로 콜라 박스를 산후 현금으로 바꿔 술을 사 먹는 모습이 도시의 일상이었다.

이런 복지 혜택을 받는 사람들에 대한 백인 근로 빈민층의 분노와 제조업 쇠퇴로 인한 실업이 트럼프를 향한 지지로 이어지면서, 전통적으로 민주당을 지지했던 러스트 벨트 주민들이 트럼프의 열광적 지지자가 된 것이다.

미국의 제조업 경제 살리기

트럼프는 힐빌리들의 열성적 지지로 대통령에 당선된 후, 미국 제조업 경제를 살려야 한다는 게 그의 핵심 전략이 되었다. 트럼프는 먼저 법인세를 35%에서 20%까지 한 번에 내렸다. 그만큼 미국 기업의 경쟁력이 살아났고, 투자할 여력을 만들어줬다.

두 번째로 미국과 멕시코 간 자유무역협정NAFTA을 개정했다. 제조업의 왕은 자동차 산업이다. 수많은 부품이 필요한 구조라 자동차 회사뿐만 아니라 부품을 납품하는 수많은 2차, 3차 협력사가 엄청난 일자리를 만들기 때문이다.

NAFTA로 미국과 멕시코 간 관세가 없다 보니, 조립은 미국에서 하지만 부품은 미국과 붙어 있는 멕시코 국경 지역에서 싼 멕시코 임금으로 제조를 해왔다. 자동차 산업의 시간당 평균임금이 미국은 22달러지만, 멕시코의 경우 3.5달러라 운송비가 좀 더 든다고 해도 멕시코에서 만들어서 미국에 납품하는 게 훨씬 경쟁력이 있었던 것이다.

멕시코와 NAFTA 재협상을 통해서 트럼프는 2가지를 얻었다. 첫째, 멕시코에서 만든 자동차를 무관세로 미국에 수출하려면 부품 4개 중 3개 이상은 북미산을 쓰도록 바꿨다. 미국산 부품을 더 쓰라는 말이다.

둘째, 부품의 45% 이상을 시간당 최소 16달러 이상 받는 노동자가 만들게 하라는 규정을 만들었다. 미국 노동자를 더 쓰라는 말이다.

결국 트럼프가 원하는 것은 미국산 부품과 미국 노동자를 더 쓰고, 멕시코 국경에 몰려 있는 부품사를 미국으로 옮기라는 것이었다.

부작용도 있었다. NAFTA를 개정해놓으니, 비싼 인건비로 미국산 자동차의 원가가 올라갔다. 경쟁 관계에 있는 유럽, 일본, 한국에서 수출하는 자동차 회사가 반사이익을 보게 된 것이다. 이것을 놔두면 부품사들을 멕시코에서 미국으로 옮겨서 제조업을 키우려는 미국의 의도가 무산된다. 유럽, 일본, 한국 자동차사들의 수입 관세를 올려 미국 자동차 제조업이 성장하는데 장애 요인을 없애겠다는 정책 방향이 나온 이유다.

바이든이 대통령이 되면서 트럼프가 추진한 수입 자동차 관세는 관심사 밖으로 밀려났지만 언제든지 재점화 가능성이 있는 사안으로 남았다. 현대·기아차가 미국 공장을 증설하고 부품사의 동반 진출을 독려하는 이유이기도 하다.

현대차는 2022년의 바이든 방한에 맞춰 미국 조지아에 70억 달러 규모의 전기차 공장 설립 계획을 발표했다. 조지아는 20년 이상 공화당의 텃밭이었고, 지난 대선에서는 재검표까지 해서 민주당의 바이든이 아슬아슬하게 이긴 중요한 경합 지역이다. 현대차는 바이든 정부에서 있을지 모를 피해를 피하기 위해 나름 노력하고 있다.

미국의 리쇼어링에는 한계가 있다. 미국과 같이 사람이 부족하고 인건비가 비싼 나라는 제조업이 돌아와도 가격 경쟁이 쉽지 않다. 미국은 자동차와 첨단산업은 리쇼어링을 진행하지만, 인건비 비중이 높은 기타 제조업은 니어쇼어링Nearshoring으로 방향을 잡고 있다.

니어쇼어링은 인접 국가로 생산지를 이전하는 전략이다. 미중 갈등 이전에는 인건비가 낮은 국가에 제조공장을 두는 오프쇼어링Off-shoring이 대세였고, 이는 인건비가 낮았던 중국이 세계의 공장으로 성장하기 시작한 계기가 된 전략이다.

미중 무역전쟁과 러시아의 우크라이나 침공으로 세계적으로 공급망에 혼란이 생기자, 미국은 반도체, 배터리, 전기자동차와 같은 첨단산업은 미국에 리쇼어링을 하고, 기타 제조업은 인근에 있는 멕시코로 니어쇼어링 하는 전략을 수립한다. 니어쇼어링을 하면, 중국산 없이도 공급이 원활해지고 목표시장으로 이동이 수월하기에 운영비가 줄어드는 장점이 있다.

바이든은 인플레이션 감축법IRA, 반도체법 등으로 미국으로 리쇼어링하는 기업을 지원하고 중국을 견제했다. 반도체법의 가드레일 조항을 보면, 미국 정부로부터 보조금을 지원받는 경우 10년간 중국에 신규 투자는 물론 공장 증설도 불가하도록 하는 규제가 있다.

멕시코 니어쇼어링 투자가 빠르게 늘어나는 이유

트럼프와 바이든의 차이점은 바이든은 나라 간의 연결을 중요시한다는 점이다. 바이든은 미국, 일본, 한국, 대만 4개국 간의 반도체 동맹인 칩4Chip4를 시도하고 있고, 인플레이션 감축법도 미국에서의 최종 조립이 아닌 북미 지역 내에서의 조립을 조건으로 하고 있다. 그래서 미국과 국경이 붙어 있는 북미 멕시코가 가장 많은 혜택을 보고 있다. 니어쇼어링으로 중남미 지역의 추가 수출액의 절반 이상을 멕시코가 차지했다.

멕시코는 미국과 국경을 접하고 있어 육로 운송이 가능하며, 임금 수준이 다른 북미 국가의 4분의 1 수준이라 중국보다 30% 저렴한 것이 멕시코 니어쇼어링 투자가 빠르게 늘어나는 이유다.

멕시코 주요 투자국별 비중은 미국(42.6%), 캐나다(10.7%), 아르헨티나(6.6%), 일본(5.2%) 순으로 미국은 확실하게 중국의 대체지로 멕시코를 선택했고, 투자 규모 면에서도 멕시코가 중국을 압도했다. 미국과 붙어 있는 북쪽 국경지대에 있는 '몬테레이, 티후아나, 케레타로'의 3개 도시에 투자가 집중되는 것을 봐도 목표가 명확해 보인다.

한국도 멕시코에 꽤 많은 투자를 하고 있다. 삼성이 케레타로에 전자기기 생산 관련 5억 달러 투자를 결정했고, 기아도 누에보레온주에 생산공장을 확대하는 4억 달러 투자를 발표했으며, 포스코는 코아우일라주에 전기차 구동 모터 공장을 설립하고 있고, LG는 GM의 차세대 전기차에 탑재할 구동모터, 인버터 등을 생산하기 위한 공장을 구축하고 있다. 하지만 투자 비중은 1.9%로 7위 수준이라 조금 부족해 보이기도 한다.

중국에서 출발하는 컨테이너가 미국까지 운송되는 데 한 달이 걸리는데, 멕시코는 몇 시간에서 며칠이면 가능한 장점이 있다. 미국은 '가장 싸고 쉬운 공급망Just in Time'보다 '가장 안전하고 확실한 공급망Just in Case'으로 중심을 옮기고 있다.

반면, 멕시코의 리스크는 마약범죄 조직으로 치안이 불안하고 공무원이 부패한 점 등이다. 이런 부담을 안고 투자를 결정해야 하는 것이다. 중요한 점은 투자 지역이다. 기업은 멕시코에 투자할 때 안정된 지역 몇 곳에 집중할 필요가 있다.

메르의 인사이트

미국은 첨단 제조업을 미국으로 복귀시키는 리쇼어링과 기타 제조업의 중국 비중을 줄이는 니어쇼어링을 진행하고 있다. 리스크는 있지만 멕시코는 그 이상의 장점이 있다. 상대적으로 치안이 안정된 지역에 투자했다면, 부담을 최소화하면서 니어쇼어링의 이익을 취할 수 있는 좋은 선택을 한 것이다. 이런 선택을 한 회사를 눈여겨보자.

03
진퇴양난 일본은행의 속사정

2022년 초부터 인플레이션을 잡는다고 미국이 금리를 계속 올리기 시작했다. 돈은 리스크가 같다면 수익이 높은 곳으로 몰려다니는 속성이 있다. 어느 나라든 미국이 금리를 올리는 수준으로 금리를 따라 올리지 않으면 국내에 들어온 자금이 미국으로 이동하게 된다. 한국은행이 울며 겨자 먹기로 금리를 따라 올리는 이유이기도 하다.

일본은 미국이 금리를 계속 올려도 금리를 따라 올리지 않고 '지정가 매입 오퍼레이션'을 썼다. 지정가 매입 오퍼레이션은 일본은행BOJ이 무제한으로 국채를 지정가에 매입해서 강제적으로 금리를 누르는 정책을 말한다. 주식으로 생각하면, A기업 주식을 은행이 무조건 1주당 1만 원에 사준다고 가정했을 때 A기업에 엄청난 적자가 발생해도 어차피 은행이 1주당 1만 원에는 사 준다고 하니, A주식의 가격 하단은 1주당 1만 원에 고정되는 것과 비슷하다.

국채도 마찬가지다. 일본은행은 10년 물(10년 만기) 국채를 0.25% 금리에 무제한으로 사는 지정가 매입 오프레이션을 운용하며 국채 금리를 누르고 있다. 국채는 공개시장에서 매각하고 남은 유찰분을 중앙은행이 가져가는 게 일반적인데, 아베노믹스(오랜 디플레이션과 엔고 탈출을 위해 시행되었던 아베 정권의 경제 정책)를 시행한 후 일본 국채는 일본은행이 우선 인수한 뒤 필요하면 민간에게 판매하는 시스템으로 바뀌어서, 일본이 발행한 전체 국채의 절반 정도가 일본은행에 쌓인 상태다.

일본은 기준금리를 올리지도 않았고, 일본 10년 물 국채는 제로금리에 가까운데, 미국은 기준금리를 빠른 속도로 올렸다. 투자자 입장에서 투자해봤자 이자도 거의 붙지 않는 일본 국채를 사는 것보다 미국에 운용하는 게 당연히 나은 결정이다. 일본 내부 자금 일부와 글로벌 자금이 일본에 투자했던 돈은 현금화되는 대로, 엔화를 달러로 바꿔서 일본을 빠져나갔다.

뭐든 흔하면 싸지고, 귀하면 비싸진다. 2022년 하반기부터 일본에서 달러가 빠져나가 달러는 귀해져 비싸졌고, 달러 대비 엔화

가치는 20년 만에 최저치로 떨어졌다.

일본도 하고 싶어서 지정가 매입 오프레이션을 운용하는 것이 아니다. 아베 시절 경기부양을 위해 무제한으로 발행했던 국채가 문제다. 일본의 국가부채는 1220조 엔을 넘겼다. 국채 금리가 0% 대이지만, 워낙 부채 규모가 어마어마해 2022년 일본 예산의 25%가 국채비로 들어가고 있다.

만약 국채 금리가 1.1%까지 오르고, 지금처럼 국채 증가 속도가 유지된다면 2041년이 되면 일본 국민이 내는 세금 100%를 국채 이자를 내는 데 써야 하는 상황이 올 것이다. 일본은 미국이 금리를 올린다고 따라서 금리를 올리기는 힘들고, 엔저는 한동안 계속될 것이라 보는 이유다.

일본이 기대하는 미래

일본이 기대하는 미래가 있다. 1996년, 미국의 기준금리는 5.25%였고, 일본은행의 목표 단기금리는 0.25%였다. 2023년 7월 미국의 기준금리가 5.5%이고, 일본은행의 목표 단기금리가 0.25%인 것과 비슷하다. 1996년에 펀드사들은 미국 기준금리가 높고 일본 금리가 낮으니, 미국 국채를 산 후 미국 국채를 담보로 일본은행에서 엔을 빌려 일본 국채를 샀다. 헤지펀드사들은 다시 그 일본 국채를 담보로 엔을 빌려서 이것을 외환시장에서 달러로 바꿔서 이머징 국가(신흥국) 등에 투자했다. 일본은행에서 저금리 엔화 대출을 일으켜, 금리가 높은 곳에 자산을 운용하는 것이다.

이렇게 국가 간 금리 차이를 이용하는 방식을 캐리 트레이드라고 한다. 이런 기법을 일본 엔에 활용해 엔 캐리 트레이드Yen Carry Trade라고 부른다. 엔을 빌려서 달러로 바꾸면, 엔을 사자는 주문보다 팔자는 주문이 넘쳐 엔 시세가 떨어진다. '달러 강세, 엔 약세'가 된다는 말이다.

1996년부터 2년 동안 미국 월스트리트에서는 엔 캐리 트레이드가 유행하여, 엔은 1998년 달러당 147.64엔까지 떨어졌다.

1994년 1월, 중국은 수출을 늘리기 위해 환율을 크게 건드린다. 달러당 5.8위안을 8.6위안으로 한 번에 바꿔버린 것이다. 환율이 5.8위안에서 8.6위안이 되었다는 말은 중국 제품의 가격이 40% 싸졌다는 의미다. 환율을 건드려 가격 경쟁력에서 압도한 중국은 수출이 증가하며 성장했지만, 중국과 가격경쟁을 하던 동남아 국가는 바로 그해부터 무역수지가 적자로 돌아서며 달러가 마르기 시작했다.

무역수지 적자라 달러가 적게 들어오는데 미국이 금리를 올리니, 달러가 금리가 높은 미국으로 돌아가기 시작해서 달러가 더 부족해졌고, 태국 등 동남아 국가와 한국과 같이 환율을 하나로 고정하는 고정환율제를 하던 국가들은 안 그래도 없는 달러를 환율 방어에 소모해버리는 상황이 되었다.

이 약점을 노린 헤지펀드사들이 덤벼들자 아시아에는 외환위기가 왔다. 한국은 국제통화기금IMF 관리 체제로 들어갔으며, 러시아도 더 이상 돈을 갚기 힘들다며 모라토리엄(대외 채무에 대한 지불유예)을 선언했다. 러시아의 모라토리엄에 놀란 펀드사들은 엔 캐리 트레이드를 청산하고 안전자산으로 복귀했다.

통화 시장에서 안전자산이란 보통 달러와 엔화를 말한다. 당시 엔화는 3일 만에 13% 올랐고, 두 달 만에 달러당 147.64엔에서 112엔까지 올랐다. 이 여파로 자본금의 30배가 넘는 1,400억 달러를 운용하던 당시 세계 최대 헤지펀드 롱텀캐피털이 문을 닫는다. 한국도 싼 이자에 혹해서 엔화 대출을 받았던 의사, 변호사 등 전문직 종사자들이 갚아야 할 원금이 일시에 2배까지 늘어나는 피해를 경험했다.

1997년만 이런 상황이 생긴 것이 아니다. 2008년 신용위기 초입에도 엔 캐리 트레이드의 청산이 심하게 일어나 개발도상국들의 자금경색이 극에 달했고, 엔화 가치가 2배 이상 올라갔다.

시장이 불안해지면 캐리 트레이드 자금이 청산되어 미국으로 복귀하는 패턴은 반복되고 있다. 이런 자금이 리스크를 감지하고 탈출하거나, 다른 곳에서 본 손해를 커버하기 위해 투자한 돈을 회수하면, 이머징 마켓이 골병들기 시작하는 것이고, 집 나갔던 엔이 슬금슬금 일본으로 돌아오면 엔은 바닥을 치고 올라가는 것이다.

일본은행 총재는 어차피 일본의 국채 규모가 너무 많아 금리를 잘못 올리면 국채 이자를 갚기 위해 재정을 다 써야 하니, 시장이 불안해져서 안전자산으로 자금이 몰리면서 엔화 가치가 자연스럽게 높아질 것을 기대하며 버티는 것일지도 모른다.

메르의 인사이트

월급 200만 원인 사람이 대출 10억 원을 받았다고 가정해보자. 연이자율이 0.25%인 경우 한 달 이자 20만 원만 내면 버틸 수 있었는데, 연이자율이 미국처럼 올라가면 이자만 월급 이상으로 내야 해서 감당이 안 되는 것이다. 일본은 금리를 올리기는 곤란한데, 그렇다고 안 올리고 버티기에도 한계가 있는 상황이다. 다르게 말하면, 하방은 제한되어 있고 상방이 열린 좋은 투자 타이밍이다.

04
한국 경제를
이해하기 위한 키워드

한국 경제의 강점은 '상대적으로 양호한 국가 재정, 지속적인 무역 흑자, 4,000억 달러 이상의 외화 보유고' 등이다. 이런 장점이 계속 유지되는지가 앞으로 전망을 예상하는 데 중요 포인트다.

국가 재정은 코로나19 이후 확장 재정을 하면서 흠집이 많이 났다. 2019년 42.1%였던 국가채무비율이 2022년 말 54.3%까지 올라왔고, 지금도 계속 올라가고 있다. 한국 국가채무비율이 기축통화를 쓰지 않는 선진국 평균보다 사상 처음으로 높아진 시기가 2022년 말이었다. IMF는 한국의 국가채무비율이 2024년 55.9%, 2027년 57.8%로 계속 높아질 것으로 보고 있다. 전 세계는 코로나

19로 확장 재정을 했다가 2022년부터 긴축으로 돌아서며 나라 빚을 줄여가고 있지만, 한국은 세계와 역주행 중인 것이다.

기축통화의 경우 원유 등 국제 거래에서 결제수단으로 쓰이는 화폐라 국채에 대한 기본수요가 있다. 하지만 한국과 같은 비 기축통화국은 국가부채비율이 높아지면, 위험도가 높아져서 채권 수요가 줄어들고 채권 금리가 올라간다.

사회는 빠른 속도로 노령화되고 있다. 2022년 한국 여성 1명당 평생 낳는 아이 수(합계출산율)가 0.78명을 기록했다. 보통 출산율이 2.1명 이상 되면 인구가 증가하고, 그 밑으로 떨어지면 인구가 감소한다. 1950년대 여성은 일생 동안 평균 4.7명을 출산했지만, 현재 세계는 2.3명을 출산한다.

세계인구 1위 국가가 중국에서 인도로 바뀐 것도, 인도는 합계출산율이 2.2명으로 인구가 늘어나고 있지만, 중국은 1.3명이라 빠르게 줄어들고 있는 것이 원인 중 하나다. 현재 거의 유일하게 아프리카가 아직도 출산율 5.2명을 유지하고 있어 세계인구를 전체적으로 증가시키고 있다.

한국의 출산율 0.78명은 세계 최하위이고, 서울은 0.62명으로 더 낮은 수준이다. 출산율 감소로 새로 태어나는 아기보다 사망하는 사람이 더 많아져, 한국은 2020년부터 인구가 줄어들기 시작했다. 한국의 인구는 5200만 명에서 2070년 3800만 명으로 줄어들 것으로 통계청은 예상한다. 출산율 하락은 사회 많은 곳에 영향을 미칠 것이다.

2023년 초등학교 입학 대상자는 2016년 출생아로 40만 명이다. 2024년 초등학교 입학 대상자는 35만 명, 2025년은 32만 명, 2026년 30만 명, 2027년 27만 명 순으로 매년 줄어들 것으로 예측된다.

현재 인구 감소 영향은 대학교까지 와 있다. 2023년 대학교 정원은 47만 명인데, 대학 입학대상인 18세가 47만 명까지 줄어들고 있다. 대학을 가지 않는 18세를 제외하면 이미 정원보다 입학 대상이 적은 것이다.

군인도 마찬가지다. 인구절벽에 따라 20세 남성 인구가 급감할 예정이라, 징병만으로 50만 병력을 유지하기 어려워 복무기간 연장, 여성 징병 이야기가 슬금슬금 나오는 원인이기도 하다.

출산율이 낮아진다는 것은 인구구조가 노령화된다는 말이다. 노령화는 돈을 버는 청년층이 줄어들고, 돈을 쓰는 노년층이 늘어난다는 의미다. 돈을 버는 사람들이 내는 세금은 줄어들고, 노년층 복지에 재정지출이 늘어날 수밖에 없어 국가 재정이 좋아지기 힘들다.

한국의 무역수지 적자로 전환되다

지속적인 무역 흑자도 이제 옛말이 되었다. 1년 이상 연속해서 무역수지는 적자이고, 적자 폭도 커졌다. '무역수지가 적자로 전환되었다'는 말은 무역으로 들어오는 달러보다 나가는 달러가 많다는 말이다.

무역수지 적자가 심해지면, 경상수지까지 적자가 되면서 외화보유고에도 문제가 생긴다. 상대적으로 양호한 국가 재정 등 한국 경제의 장점이 흔들리면 외국인 투자자의 마음도 같이 흔들리게 된다.

게다가 미국과 한국의 기준금리 격차까지 커지고 있다. 외국인 투자자들이 한국 경제의 장점이 사라졌다고 판단하면, 한국 주식과 채권을 팔고 그렇게 받은 원화를 달러로 바꿔서 빠져나갈 수 있다.

한국 국채를 외국인이 팔고 나가면, 한국 국채의 가치는 낮아진다. 한국 국채의 가치가 낮아지면 국채 금리를 높게 쳐줘야 국채를 사줄 사람이 생기므로 국채 금리가 올라가고, 국채 금리가 올라가면 회사채 금리 등 시중금리를 낮게 둘 수 없다. 기업대출뿐만 아니라 가계대출 금리도 상승하며, 2000조 원에 다가서고 있는 가계부채를 건드리기 시작할 것이다.

한국은 가계대출이 많은 국가다. 국제결제은행BIS과 국제금융협회IIF의 조사에 따르면 2020년에 GDP의 97.9%가 가계대출 수준이었는데, 지금은 105%까지 올라와 비교할 나라가 거의 없다. 한국은행 총재가 미국 연준처럼 금리를 세게 올리지 못하는 이유가 여기에 있다.

미국 연준이 금리를 무지막지하게 올려도, 미국의 가계는 충격이 크지 않다. 미국 주택담보대출은 99%가 고정금리 대출이라 기존에 대출받은 사람들의 금리는 고정되어 변화가 없다.

한국은 완전히 반대다. 한국은 가계대출 중 변동금리가 차지하는 비중이 79%다. 한국의 대부분 대출자는 신규대출 금리만 올라가는 게 아니라, 기존에 받은 대출금리도 같이 올라간다. 무역수지 적자부터 흑자로 바꾸면서 하나씩 해결해나가는 방법밖에 없어 보인다.

메르의 인사이트

2023년 한국은 한국 경제의 강점이었던 상대적으로 양호한 국가 재정, 지속적인 무역 흑자, 4,000억 달러 이상의 외화보유고가 모두 흔들리는 상황에서 가계대출 부실, 부동산 프로젝트 파이낸싱(PF · Project Financing)발 시장 혼란, 무역수지 적자 등에서 오는 인플레이션이 한꺼번에 몰아닥치는 상황을 대비해야 하는 시기다. 획기적인 무역수지 흑자 전환 없이는 힘든 2024년을 맞이할 수 있어 한국의 수출기업이 힘을 내줘야 한다.

05

드러그 리포지셔닝이
가져오는 기회

알코올중독을 치료하는 약으로 디설피람이라는 약이 있다. 디설피람은 알코올 분해를 방해하고, 술을 마시면 구토가 나게 해 술에 거부감이 들게 만들어 알코올 중독을 치료하는 약이다.

1971년, 38세의 암 환자가 알코올중독이 되었다. 이 환자는 암은 전이가 많이 되어 치료를 포기했고, 알코올중독이라도 치료하려고 디설피람을 10년쯤 복용했다. 암 치료를 포기하고 디설피람만 복용한 이 환자는 어느 날 술이 잔뜩 취해서 창문에서 추락해 죽는다. 디설피람을 먹었어도 알코올중독을 치료하지 못한 것이다.

정상적인 병사가 아니라 추락사로 죽어 이 사람을 부검했다. 부검의는 여기저기 전이되었던 종양이 사라진 것을 발견했다. 알코올중독 치료제로 큰 효과가 없었던 디설피람에서 암 치료제 가능성을 발견한 것이다.

이 발견은 연구로 이어져 1993년 프랑스 연구팀은 종양을 제거한 암 환자 64명을 대상으로 임상실험을 했고, 디설피람 복용자의 생존율이 76%가 나왔다. 효과에 고무된 덴마크, 체코, 미국 다국적 연구팀은 2017년 국제학술지 〈네이처〉에 '디설피람의 항암효과 메커니즘'이라는 논문을 게재했다.

연구팀은 암 환자 3000명을 추적 조사했다. 디설피람을 복용한 암 환자의 사망률이 복용하지 않은 환자보다 34%가 낮게 나왔고, 특히 유방암, 대장암, 전립선암에 효과가 더 좋게 나왔다. '디설피람이 암세포 활동을 방해하고 제거한다'는 연구결과로 디설피람의 항암효과를 입증한 것이다. 이렇게 시판 중이거나 임상을 진행하던 약이 본래 치료 목적인 병 이외에 다른 질병에 더 효과를 보이는 경우가 가끔 발생한다.

조루 치료제인 프릴리지는 항우울제로 개발된 약이었다. 항우울제 임상실험에 참여했던 사람들이 프릴리지를 먹고 성관계 시간이 길어졌다는 부작용을 이야기했다. 프릴리지는 세로토닌 재흡수를 차단하는 기능을 하는데, 세로토닌은 우울증 외에도 뇌의 사정중추를 자극하는 기능을 했던 것이다. 프릴리지가 세로토닌 재흡수를 차단하니 사정중추의 자극이 잘 안 되어 성관계 시간이 길어진 것이다. 결국 항우울제였던 프릴리지는 조루 치료제로 재탄생했다.

비아그라도 원래 협심증 치료제로 개발된 약이다. 비아그라는 독감백신과 같이 투여하면 암세포 전이가 줄어드는 연구 결과가 나왔다.

암 치료는 암세포 제거뿐만 아니라 수술 후 타 부위로 암세포가 전이되는 것을 막는 게 중요하다. 암세포는 면역세포인 자연킬러 Natural Killer 세포가 대항하는데, 암 수술을 하면 자연킬러 세포 활동이 줄어든다. 그래서 암 수술을 하면 수술하기 전보다 암이 다른 부위로 더 쉽게 전이된다. 비아그라는 자연킬러 세포 활동을 방해하는 세포를 약하게 하고, 독감백신은 자연킬러 세포를 활성화한다는 연구 보고서가 나온 것이다.

쥐로 실험을 했는데 결과가 획기적이었다. 수술로 암세포를 제거한 쥐는 암세포가 평균 129곳으로 전이되었지만, 비아그라만 투여했을 때는 전이가 24곳으로 줄었고, 비아그라와 독감백신을 동시에 투여하니 11곳밖에 전이가 되지 않은 결과가 나온 것이다.

암세포 전이가 90% 이상 줄어든다는 것은 엄청난 효과다. 물론 사람에게 비슷한 효과가 날지는 지켜봐야 한다. 하지만 비아그라와 독감백신은 모두 광범위하게 사용된 약이라, 임상에서 효과만 확실하게 나오면 바로 시판할 수 있는 큰 장점이 있다. 비아그라가 치매 쪽에도 효과가 있다는 논문이 나오는 것을 보면, 생각보다 인류에 중요한 약이 될지도 모르겠다. 이렇게 기존 약이 우연히 신약 후보로 재탄생하는 것을 '드러그 리포지셔닝Drug Repositioning'이라고 부른다.

드러그 리포지셔닝이
제약사 입장에서 경제적인 이유

드러그 리포지셔닝이 제약사 입장에서 돈이 되는 이유는 기존 약은 이미 부작용 관련한 임상실험이 약 처방 과정에서 완료된 상태라 전임상, 임상 1상을 건너뛰고 2상이나 3상으로 바로 임상실험을 간단히 끝낼 수 있기 때문이다. 임상실험을 약식으로 할 수 있다는 것은 신약 개발비용과 기간을 엄청나게 줄일 수 있다는 의미다.

드러그 리포지셔닝은 승인 확률도 신약보다 훨씬 높다. 신약은 임상 2상을 통과해도 3상을 거쳐서 최종 승인될 확률이 10% 내외다. 반면에 드러그 리포지셔닝은 승인 확률이 25% 수준으로 높아 제약사 입장에서는 대박을 칠 가능성이 높은 것이다.

인간의 몸에는 500만 개의 털이 있지만, 10만 개밖에 안 되는 머리털이 관심의 99%를 차지한다. 머리털은 보통 5년 주기로 20번 정도 나서 자라다 빠지는 패턴을 반복한다. 100년은 계속 난다는 말이다. 머리털은 4년 반쯤 자라는 성장기가 끝나면, 시들어 빠지는 쇠퇴기를 한 달 정도 겪고, 털이 빠진 채 5개월가량 쉬는 휴지기로 가며, 휴지기가 지나면 다시 새 머리털이 난다.

여자로 알고 자라다가 12살 사춘기쯤 갑자기 남성의 생식기가 발달해서 남자가 되는 희귀병 환자가 있었다. 이 희귀병 환자를 검사하니 5알파환원효소가 부족하다는 걸 알게 되었다. 생식기를 만드는 게 디하이드로테스토스테론DHT인데, DHT는 남성호르몬인 테스토스테론이 5알파환원효소와 결합해야 만들어진다. 남성호르몬인 테스토스테론이 충분히 있다고 해도 5알파환원효소가 부족하면 둘이 결합을 못해 DHT가 제대로 만들어지지 못한다. 이 희귀병 환자는 5알파환원효소가 부족해서 생식기가 잘 자라지 못해 12살이 될 때까지 여자로 알고 키웠던 것이다.

제약회사가 5알파환원효소 부족 환자들을 검사했다. 그들은 생식기가 잘 자라지 못하는 것 외에도 전립선이 작고 머리숱이 풍성한 공통점을 발견했다. 제약회사는 5알파환원효소가 부족하면 생식기뿐만 아니라 전립선도 작아지는데, 이것에 착안해 5알파환원효소를 억제시키는 약을 전립선비대증 약으로 출시한다. 이것이

프로페시아다.

프로페시아는 전립선비대증 약으로 1992년부터 처방되기 시작했다. 1회 복용량 5mg에 대해서는 인체 안전성이나 독성 검사가 충분히 이루어졌다.

프로페시아를 전립선 비대증 치료제로 출시한 제약사는 5알파환원효소가 부족하면 전립선이 작아질 뿐 아니라 머리숱도 풍성해지는 부분에서 돈 냄새를 맡는다. 5알파환원효소는 생식기뿐만 아니라 탈모에도 작용하기 때문이다. 고환에서 만드는 남성호르몬인 테스토스테론이 5알파환원효소와 만나면 DHT으로 변하고, 이것이 머리털이 나는 모낭을 소형화하는 작용을 확인했다.

1997년 제약사는 5알파환원효소를 억제하는 프로페시아를 전립선 치료제가 아니라 탈모 치료제로 출시했다. 두 약의 성분이 같아 전립선비대증 치료제를 용량만 5분의 1로 줄여 1mg으로 판매를 시작한 것이다.

드러그 리포지셔닝으로 탄생된 다른 약으로 미녹시딜이 있다. 미녹시딜은 혈관을 확장하는 효과가 있어 고혈압약으로 실험을 하던 약이었다. 혈관을 확장하면 혈압도 떨어지지만 모공에 혈액이 원활하게 공급되고, 머리카락이 수월하게 올라올 수 있다. 모공에 혈액을 원활하게 공급해서 간접적으로 머리털을 나게 하는 약이라 미녹시딜은 프로페시아보다 효과가 약하다.

좀 더 센 약도 있다. 아보다트다. 아보다트 역시 전립선 비대증 치료제에서 드러그 리포지셔닝 된 약이다. 아보다트의 문제는 탈모 효과는 프로페시아보다 뛰어난데 성 기능을 약화시키는 부작용이 상대적으로 크다는 점이다. 성 기능보다 머리숱이 우선이라는 탈모인들은 탈모 치료제로 프로페시아보다 아보다트를 선택하고 있다.

아보다트는 탈모 방지 효과도 크지만 부작용도 오래간다. 프로페시아는 반감기가 짧아서 3일이면 약 성분이 몸에서 다 빠져나가는데, 아보다트는 반감기가 길어 몇 개월씩 몸에 남아 있기 때문이다. 이렇게 몸에 오래 남아 있는 것은 약효 측면에서는 장점이기도 하다. 아보다트는 하루 이틀 약을 안 먹어도 전에 먹은 약효가 몸에 남아 있어서 탈모방지 효과를 유지할 수 있다.

메르의 인사이트

현존하는 탈모약 3종이 모두 '드러그 리포지셔닝' 약이라는 공통점이 있다. 제약회사를 볼 때 완전한 신약을 개발하는 회사보다 기존 약을 드러그 리포지셔닝 하는 회사가 있다면, 적은 비용에 성공 비율 높은 시도를 하고 있으니 점수를 더 줘도 된다.

06
한국 외환위기는
다른 곳에서 시작했다

덩샤오핑의 후계자는 장쩌민이 아니라 리펑이었다. 1980년대 말 중국 민중에게 자유의 바람이 불어 학생 시위가 커졌고, 천안문 광장까지 시위대가 점령했다. 피를 보는 것 외에는 답이 없다고 판단한 중국 공산당은 1989년 6월 4일 천안문 사태를 주도하였고, 리펑이 인민 학살의 총대를 멨다.

천안문 학살로 시위를 진압했지만, 리펑은 천안문에서 피를 묻히게 되었다. 중국 공산당 지도부는 리펑이 개방·개혁의 얼굴로 외부로 나가기에 문제가 있다고 봤다. 공산당 지도부는 베이징에서 멀리 떨어진 상하이에 있어 천안문 피가 묻지 않았고, 중앙에 파벌이 없는 장쩌민을 얼굴마담 격인 후계자로 세우고, 리펑은 2인자 격인 총리를 맡아 실권을 행사하는 구도를 짰다.

이렇게 상하이 시장 장쩌민이 국가 주석에 오르게 된다. 특별한 연줄이 없는 상태에서 국가 주석에 오른 장쩌민은 성과를 내 세력을 갖추려고 노력한다. 당시 베이징 중앙 정치 쪽은 덩샤오핑이 주석 자리를 장쩌민에게 물려줬지만 리펑이라는 실세가 있고 덩샤오핑도 힘이 컸다. 그래서 장쩌민은 덩샤오핑의 경제정책을 실현하며 힘을 키우는 쪽으로 방향을 잡는다.

그 전략은 '선부론先富論'이었다. 선부론은 먼저 부자가 될 수 있는 사람이 부자가 되면, 그들이 뒤에 남아 있는 사람들을 도와서 결국 전체가 다 잘살 것이라는 덩샤오핑의 이론이었다. 자원을 선택적으로 집중하자는 말이었고, 중국 전체를 골고루 발전시키지 않고 상하이 등 남부 해안 도시를 집중적으로 키우기 시작했다.

남부 해안 도시를 키우는 방법으로 수출 확대 전략을 세운다. 그 당시 중국은 노동집약적 상품밖에 만들 수 없었고, 태국, 인도네시아 등 동남아 국가와 가격 경쟁을 하고 있었다.

1994년 1월 중국은 달러당 5.8위안을 8.6위안으로 한 번에 바꿔버렸다. 이로써 환율 효과로 중국 제품의 가격이 40% 가까이 내려간다. 중국과 가격 경쟁을 하던 동남아 국가들은 바로 그해부터 무역수지가 적자로 돌아서며 달러가 마르기 시작했다.

당시 태국은 환율을 하나로 고정하는 고정환율제를 하고 있었다. 태국은 무역수지 적자로 달러는 부족한데, 얼마 없는 달러를 고정환율제 유지를 위한 환율 방어에 소모해버리는 실수를 하고, 태국 등 동남아에 달러가 마르고 있다는 약점을 알아차린 헤지펀드사들은 팀을 꾸리기 시작한다.

1994년, 한국은 금융선진화라는 이름으로 지하경제였던 사채업자를 양성화시킨 24개 단자회사를 종금사로 전환한다. 6개 종금사 체제에서 24개 종금사가 한 번에 추가되며 30개 종금사가 되자 종금사가 먹고살 새로운 먹거리가 필요해졌다.

돈놀이를 하던 사채업이 본업이었던 신설 종금사에 먹거리로 외화 대출을 풀어줬다. 외화 대출을 풀어주자, 신설 종금사들은 싸게 빌려와서 비싸게 빌려주는 사채업의 경험을 살렸다. 일본 등 국외 자금을 싼 이자로 빌려와 대기업에 비싸게 빌려주며 돈을 벌었다. 5%대로 해외 자금을 빌려와서 10%대로 대출해주면, 종금사가 일시적으로 높은 수익을 얻게 된다.

한두 군데 신설 종금사에서 시작한 엔화 대출 등에 대부분 종금사가 뛰어들자, 종금사 간에 대출 경쟁이 심해지며 종금사의 마진이 조금밖에 남지 않게 되었다. 대안을 찾던 종금사들은 한국 시장을 벗어나 태국, 러시아 등으로 진출해 해외에서도 같은 방식의 영업을 했다.

당시 일본도 미국과 플라자 합의plaza Accord로 엔화가 강해져서 수출이 힘들어지자, 태국 등 동남아 기업에 투자를 확대하고 있었다. 플라자 합의는 1985년 미국 뉴욕에 있는 플라자 호텔에서 프랑스, 독일, 일본, 미국, 영국이 외환시장 개입으로 발생한 미국의 달러화 강세를 완화하기로 한 합의를 말한다.

이때 헤지펀드사들이 첫 번째 타깃으로 태국을 공격했다. 헤지펀드사들은 태국 바트화를 공매도 하며 고정환율제를 공격했고, 1997년 7월 2일 태국 정부는 더 이상 버티지 못하고 변동환율제를 수용하게 된다. 변동환율제로 바꾸자 바트화는 바로 급락했고, 헤지펀드사들은 막대한 환차익을 얻는다.

1997년 10월, 태국을 무너뜨린 헤지펀드사들은 아시아 금융허브인 홍콩을 다음 타깃으로 공격했다. 당시 홍콩은 아시아 금융의 중심지였기 때문에, 미국 달러와 7.7 대 1을 유지하는 홍콩 환율을 무너뜨리면, 이익의 크기가 동남아와 비교가 되지 않았다.

영국 치하에서 금융 역량을 쌓아온 홍콩 당국은 헤지펀드사에서 홍콩 달러를 공격하자 헤지펀드의 약점을 파고들었다. 헤지펀드사는 자기 자금의 몇 배를 단기로 빌려서 투자하기 때문에 장기전에 약점이 있었다.

헤지펀드사는 홍콩 금융권에서 6%대 금리의 단기 자금을 빌려서 홍콩 달러를 공격했다. 1997년 10월 23일, 홍콩 통화국은 '홍콩

은행 간 금리HIBOR'를 6%에서 300%로 50배 올려버렸다.

홍콩증시는 반토막이 났다. 헤지펀드사들은 연 300%의 단기대출 금리를 감당할 수 없자, 미국 등의 주식을 팔아 단기 자금을 상환하고 홍콩에서 빠져나올 수밖에 없었다. 두 달 만에 홍콩증시가 반토막이 나자, 정상적으로 홍콩에 투자했던 미국의 뮤츄얼펀드사들도 도매급으로 큰 손실을 봤다. 뮤츄얼펀드는 다수의 일반인이 자금을 모아 투자자산을 전문 회사에 맡겨 운용하는 것을 말한다.

1997년 10월 27일 월요일, 홍콩증시 급락으로 큰 손해를 본 뮤츄얼펀드사들은 홍콩에서 손해 본 돈을 갚기 위해 미국 주식을 대량 투매했다. 당시 미국증시는 다우존스 지수가 150포인트 이상 하락하면 주식 거래를 30분간 정지하도록 되어 있었는데, 이날 주식 거래가 2번이나 정지되며, 10년 중 가장 큰 폭인 554포인트(7.2%)가 폭락했다.

공격 방향을 동남아와 한국으로 돌리다

홍콩에서 큰 손실을 보고 빠져나온 헤지펀드사들은 공격을 포기하지 않았다. 말레이시아, 인도네시아 등 동남아와 한국으로 방향을 돌렸다. 당시 동남아 각국은 중국의 환율 조작으로 가격 경쟁을 할 수 없어 수출이 힘들던 시기였다. 동남아 기업들은 수출이 안돼 달러가 부족한데다, 헤지펀드사의 공격으로 환율까지 망가져 여기저기서 부실이 터지기 시작했다.

동남아 기업의 부실이 터지자, 동남아 기업에 투자를 많이 했던 일본 4대 증권사인 야마이치 증권, 탁쇼쿠 은행 등 일본 금융기관이 파산했다. 돈을 빌려준 동남아 기업의 파산으로 일본 금융기관이 도산하자 일본 금융감독국에서는 자본을 늘리기 위해 규제에 들어갔다. 미국 연준 의장 폴 볼커가 제안한 은행 BIS(가장 오래된 국제금융기구) 비율을 도입해 은행의 자본비율을 높이라고 지시한 것이다.

일본은행은 금융감독국의 지시대로 갑자기 자본을 늘릴 수 없어 대출을 회수하며 비율을 맞췄다. 자본을 늘릴 수 없으니, 대출을 줄인 것이다. 일본은행은 기존 대출의 만기가 도래하는 대로 족족 회수했다. 한국 종금사에 짧은 만기로 빌려준 돈이 회수의 주 타깃이 되었다. 종금사들은 일본이 대출 만기를 연장해주지 않고 상환 요구를 하자, 그 돈을 갚기 위해 한국 대기업에 빌려줬던 대출금을 회수했다.

그 당시 한국 대기업의 평균 부채비율이 519%로 현금이 부족해 종금사의 대출 회수에 대기업들이 무너지기 시작했다. 단기로 빌려와서 장기로 빌려준 종금사들은 만기가 돌아오면 빌려준 대출을 족족 상환받았지만, 계속 만기가 돌아오는 단기 해외대출을 갚기에는 한계가 있어 유동성이 부족해졌고, 종금사가 부도날 것 같다는 소문이 돌았다.

돈을 못 받을까봐 걱정이 된 종금사 예금주들은 종금사에 몰려와 예금을 인출했다. 정부에서 예금 지급 보증을 해준다고 했지만, 단 3일간 전체 종금사 개인 예금 2.9조 원의 40%인 1.1조 원이 인출되었고, 30개 종금사 중 29개 종금사가 시차를 두고 무너졌다.

한국에 들어온 해외자금이 종금사 등에서 상환받은 돈을 달러로 바꿔 빠져나가자 한국에서도 달러가 마르기 시작했다. 한국 역시 태국과 마찬가지로 고정환율제를 고수했다. 얼마 안 되는 달러로 헤지펀드사들의 공격을 방어하던 정부는 1997년 10~11월 외환시장에 118억 달러를 쏟아부었지만, 달러만 바닥이 났고 변동환율제로 전환하며 IMF로 달려갈 수밖에 없었다.

1997년 12월 19일 백악관에서 빌 클린턴Bill Clinton 대통령 주재로 국가 안보회의가 열렸다. 한국 외채 문제가 회의의 주제였다. 로버트 루빈Robert Edward Rubin 재무장관은 한국이 채무불이행 상태가 되더라도 어쩔 수 없다고 발언했지만, 윌리엄 코언William Sebastian Cohen 국방장관이 "한국은 수만 명의 미군이 휴전선을 사이에 두고 북한과 총을 겨루고 있는 나라다. 한국의 경제위기는 이 같은 상황을 감안해서 풀어가야 한다"고 주장했다. 결국 코언 국방장관의 주장이 수용되어 미 정부도 한국에 자금 지원을 조기에 재개하는 데 동의한다.

변동환율제로 전환한 이후 한국의 환율은 800원에서 12월 23일 1,960원까지 올라갔지만, 크리스마스 다음 날, IMF와 미국 등 G7 국가에서 자금을 조기 지원하기로 했다는 소식이 보도되면서 1,498원으로 마감되며 상승 추세가 꺾였다.

미국 연준 의장 앨런 그린스펀Alan Greenspan의 자서전《격동의 시대》를 보면 이들의 지원은 한국을 위한 것은 아니었다. "한국이 채무불이행 상태가 되면 국제 시장이 위태로워지고, 일본이나 다른 국가의 주요 은행시스템으로 여파가 퍼지면 이들도 파산할 가능성이 높았다"는 생각에서 한국 지원을 결정한 것이다.

IMF는 한국에 550억 달러 지원금을 승인했지만, 한국은 이 중 195억 달러만 가져다 썼고, 4년 만에 다 갚았다. 한국은 빌린 돈을 갚았지만, 대우그룹이 공중분해되며 대우자동차가 GM으로 넘어갔고, 삼성그룹의 굴삭기가 볼보에, 포크리프트 부문이 클라크에, 화학 부문은 듀퐁, 석유화학 부분은 아모코에 넘어갔다. 이런 큰 기업 외에도 두산음료는 코카콜라에, 오비맥주는 인터브루에 넘어가는 등 쓸 만한 한국 기업이 외국 자금에 넘어갔다.

미국 은행 JP모건은 좀 더 세련되게 이익을 가져갔다. 1996년 말 태국 등 동남아 통화가 경상수지 적자인 상황에서 거품이 심하다고 본 JP모건은 태국 바트화나 인도네시아 루피아화 가치가 올라가면 이것을 산 사람이 돈을 벌지만, 통화가치가 폭락하면 JP모건이 돈을 버는 동남아채권연계 신용파생 상품을 만들었다.

1997년 봄, 한국의 주택은행, 보람은행, SK증권, 한국투신, 한남투신, 제일투신, 신세기투신 등 국내 금융기관이 이 신용파생상품을 구입했다. 그 후 1년도 되지 않아 동남아 외환위기가 터져 한국 금융사는 16억 달러의 손실을 입는다. 이 손실로 한남투신과 신세기투신은 문을 닫았고, SK증권은 완전자본잠식(자기자본이 자본금보다 적은 상태)이 되어 그룹의 지원을 받아 간신히 살아났으며, 보람은행은 라이벌 하나은행에 합병된다.

동남아와 한국을 성공적으로 공략한 헤지펀드사들은 홍콩에 2차 공격을 재개한다. 이번에는 환율을 바로 공격하지 않고, 주식시장에 엄청난 공매도를 쏟아붓는 식으로 방법을 바꿨다. 홍콩의 항생지수는 1997년 여름 3만 포인트에서 1998년 6600포인트로 급락하며 헤지펀드사들이 성공하는 듯했지만, 홍콩은 외화보유고를 주식시장과 선물시장에 투입해서 헤지펀드사들이 매도한 주식과 선물 물량을 모두 받아내 버렸다.

헤지펀드사들은 공격 목표를 홍콩증시에서 홍콩 달러화로 바꾸고 홍콩 달러화 투매를 하면서 공세를 재개했지만, 홍콩은 헤지펀드사들이 투매하는 홍콩 달러화를 모두 사들이며 홍콩 달러화와 미국 달러화의 환율 7.7 대 1을 유지시켰다.

　홍콩의 고정환율제를 변동환율제로 변경시키지 못한 헤지펀드사들은 홍콩 2차 공격 한 달 만에 700억 달러의 손해를 봤고, 한국과 동남아에서 얻었던 이익까지 토해내며 물러갔지만, 홍콩 역시 주식시장과 외환시장에서 1,450억 달러 피해를 보며 동남아 외환 위기는 마무리되었다.

▌메르의 인사이트

모두 자기의 이익을 위해 움직이고 있고, 약하면 당하는 게 글로벌 금융시장이다. 개인이 이들과 투자해서 이기기 힘든 이유이기도 하다. 이들은 상황을 만들기 때문이다.

07
상업용 부동산이
세계 경제의 뇌관인 이유

상업용 부동산은 부동산 자체가 임대 등으로 돈을 버는 부동산을 말한다. 예컨대 1조 원짜리 오피스빌딩의 경우 80%가 임차인으로 차 있으면 매달 임차인들이 40억 원의 임대료를 낸다. 이 오피스빌딩을 유지하는데 인건비나 세금 등 제반 비용이 매달 10억 원쯤이 들어간다면, 이 빌딩 수익에서 매달 30억 원이 남는다. 매달 30억 원을 1년으로 계산하면 360억 원이고, 1조 원짜리 빌딩에서 1년에 360억이 들어오면 수익률은 3.6%가 된다.

부동산 리츠와 같은 투자회사들이 투자금에 대출을 합쳐서 이런 빌딩을 주로 사들였다. 이들은 빌딩에서 나오는 임대 수입으로 대출이자를 내고 남은 돈을 투자자들에게 배당을 주다가, 부동산 가치가 오르면 이것을 매각해서 수익을 보는 구조로 운용했다.

만약 80% 임차가 있어 공실률이 20%였는데 공실이 다 채워져 100% 임차가 되면, 매달 임차인들이 내는 임대료가 40억 원에서 50억 원으로 올라 각종 제반 비용 2억 원이 추가가 될지라도 매달 30억 원의 수입이 38억 원으로 늘어나며, 수익율이 3.6%에서 4.5%로 올라간다.

저금리 시대에 미국 국채 금리가 제로에 가까운 상황에서 이렇게 3~5%의 수익을 내다가, 부동산 가치가 오르면 큰돈을 안겨주는 상업용 부동산 투자는 돈이 되었고, 투자금이 계속 유입되었다. 투자금이 유입되어 매수자가 많아지니, 2021년 1년 동안 미국 상업용 부동산 가격이 24%까지 급등한다.

하지만 코로나19가 터지고 금리가 오르면서 상황이 바뀌었다. 저금리 시대에 3.6%의 수익율은 나쁘지 않은 수준이었지만, 제로 수준이었던 미국 국채가 5%까지 올라 3.6%의 수익율은 낮은 수익율이 된 것이다. 여기에 코로나19로 재택근무가 늘어나면서 공실도 더 늘어났다.

80%의 임차가 차 있어서 20%였던 공실률이 40%로 늘어났다고 가정해보자. 임차인들이 내는 렌트비는 월 40억 원에서 30억 원으로 줄고, 공실이 늘어나니 재계약을 하는 임차인들이 할인을

요구할 것이다.

공실이 늘어나 임대료 할인으로 매달 40억 원씩 들어오던 렌트비가 30억 원으로 줄면 비용을 제하고 20억 원이 남는다. 오피스 빌딩 수익율이 3.6%에서 2.4%로 낮아지는 것이다.

이 부동산을 1조 원에 매수할 때 3,000억 원은 투자자들의 투자금이 들어갔고, 7,000억 원은 금융기관의 대출을 받았다고 가정해보자. 금리가 올라가면서 대출이자도 올라가니, 늘어난 대출이자를 낸다고 투자자에게 배당해줄 돈은 더 줄어든다. 빌딩의 가치도 따라서 낮아진다.

상업용 건물의 가치를 평가하는 방법

상업용 건물은 보통 '수익환원법'으로 가치를 평가한다. 이 건물이 가져다주는 수익이 얼마인지를 환산해서 가치를 계산하는 방식이다. 부동산을 평가하는 방법은 '매매사례 비교법, 복성식, 수익환원법' 3가지 방식이 있다.

'매매사례 비교법'은 주로 아파트에 사용하는 방식이다. 옆 동에 같은 평형 로얄층이 얼마에 최근 팔렸으니, 이와 비교하여 내 아파트 가격을 예상하고 평가하는 것이다.

'복성식'은 주로 단독주택 등에 많이 사용된다. 부동산을 땅값과 건물값을 합산해 계산하는 방법이다. 공시지가를 참고해서 땅값을 계산하고, 건물을 신축한다고 가정했을 때 평당 얼마 정도 건축비가 들어가는지 계산해 부동산의 가치를 평가하는 방식이다.

마지막 방식이 '수익환원법'으로 상업용 건물을 주로 평가하는 방식이다. 강원도 산골 오지에 대형마트가 준공되었다고 가정해보자. '매매사례 비교법'은 쓸 수가 없다. 아파트처럼 비슷한 매매 사례가 많은 경우 비교할 수 있는데, 이런 개별 빌딩은 사례를 찾기 힘들기 때문이다.

땅값에 건물값을 더하는 '복성식'으로 계산하면, 강원도 산골 오지라서 땅값은 얼마 안 된다고 하더라도, 대형마트를 짓기 위해 건설비가 많이 들었으니 꽤 비싼 부동산 가격이 나온다. 하지만 산골 오지에 대형마트가 들어섰을 경우, 당연히 장사가 잘되지 않아 폐점될 것이고 쓸모없는 빈 건물만 남게 될 것이다. 복성식으로 땅값과 건물값을 평가해 가격을 책정하면 매수자는 나오지 않는 것이다.

수익환원법은 부동산의 수익으로 가격을 선정하는 것이다. 이 방법으로 계산하면 수익을 못 내는 부동산의 가치는 크게 낮아지고 매수자가 생각하는 가격에 접근하게 된다. 3.6%에서 2.4%로 수익율이 낮아진 빌딩은 수익환원법으로 계산하면 가치가 많이 하락하고, 가격이 오른 빌딩을 매각해서 수익을 남기는 게 아니라 손실을 떠안을 가능성이 높아진다.

누군가 사 줘서 거래가 활성화되어야 부동산 가격이 올라가는데, 상업용 부동산에 투자자금이 들어오는 것이 줄어들면 거래량도 줄고, 결국 상업용 부동산의 가격은 하락한다.

실제 미국도 상업용 부동산의 투자자금 유입과 거래량이 줄어들며 가격이 빠지는 모습을 보이고 있다. 공실률도 높아졌다. 공실률이 높아져 치솟던 렌트비도 하락 추세로 반전했다. 상업용 부동산에 대한 대출금리도 계속 오르고 있다. 미국의 주택은 99%가 고정금리라서 금리가 올라도 불입금액에 차이가 없어 버틸 수 있다. 하지만 상업용 부동산은 변동금리 비율이 높다.

상업용 부동산에서는 CR이라는 용어를 많이 사용한다. $CR_{Cap\ Rate}$은 임대수익을 부동산 가격으로 나눈 것이다. CR은 1년간 상업용 부동산에서 얻을 수 있는 예상 수익율을 말한다.

공실이 줄어들거나 렌트비가 오르면 CR은 오르고, 반대의 상황에서는 CR이 내려간다. 보통 CR과 국고채 10년 물 금리를 비교해서, 상업용 부동산의 가치를 평가하는 도구로 많이 사용한다. 공실이 늘어나고 렌트비가 내려가면 CR은 낮아지고, 국고채와 경쟁력이 떨어지면서 상업용 부동산의 가치는 낮아진다.

미국에서 상업용 부동산에 대출을 가장 많이 해준 곳이 은행이고, 대출의 만기가 하나씩 돌아오고 있다. 독일 투자은행 도이체방크가 흔들렸던 이유 중 하나도, EU에서 미국 상업용 부동산 비율이 가장 높았던 은행이라는 점도 있었다. 상업용 부동산 투자에 대해서 금리가 충분히 하락하기 전까지 부정적인 의견을 가지고 있는 이유다.

메르의 인사이트

부동산은 금리와 경쟁하는 상품이다. 아파트 역시 금리와 경쟁하는 부동산 성격을 가지고 있다.

08

페트로 달러가 움직였던
세계가 바뀌고 있다

1971년 이전까지만 해도 미국 정부는 35달러당 금 1온스를 교환해주는 금본위제金本位制를 하고 있었다. 그런데 베트남전쟁 (1955~1975년)으로 막대한 전쟁 비용이 발생한다. 금은 늘어나지 않는데, 전쟁 비용으로 달러를 마구 찍어내는 것을 본 우방국들은 달러가 금으로 교환할 수 있는지 의문이 생겼고 행동에 나선다. 독일은 금본위제에서 탈퇴했고, 영국과 스페인, 프랑스 등 몇몇 나라는 달러를 싸 들고 미국에 와서 금을 내달라고 했다.

동맹국이었던 영국까지 대량의 달러를 금으로 바꿔달라고 나오자 리차드 닉슨Richard Nixon 대통령은 1971년 8월 15일 정오에 다음과 같은 발표를 한다.

"지금 달러가 투기꾼들에 의해 공격받고 있다. 당분간 달러의 금태환을 중지한다."

금본위제를 포기한 이 발표를 '닉슨 쇼크Nixon Shock'라고 부른다. 닉슨 쇼크 이후 금 1온스의 가치는 35달러에서 120달러까지 바로 올라갔다. 다르게 말하면 미국 달러 가치가 4분의 1토막이 난 것이다. 달러 가치가 떨어진다는 것은 수입 물품 가격이 올라서 물가가 올라간다는 의미고, 미국에 인플레이션이 시작된다는 말이다.

1973년 11월, 미국 외교관 헨리 키신저Henry Alfred Kissinger가 사우디 파이살 국왕을 찾아간다. 미국이 사우디 왕권을 군사력으로 보호해줄 테니, 사우디는 산유국 모임인 OPEC을 주도하면서 석유를 달러로만 팔라는 협상이 성사되었다. 이때부터 달러는 석유의 유일한 결제통화(페트로 달러)가 되었고, 금본위제가 폐지되면서 사라질 뻔했던 힘을 되찾게 된다.

석유를 팔아서 달러를 받은 산유국들은 쓰고 남은 달러로 미국 국채를 매입했다. 미국이 찍어낸 달러가 석유 거래 결제 대금으로 사용되고, 산유국이 쓰고 남은 달러로 미국 국채를 매입하는 선순환 구조가 이때 만들어졌다.

1973년 미국은 세계 은행이 국경을 넘어 서로 돈을 보낼 수 있는 스위프트SWIFT·Society of Worldwide Interbank Financial Telecommunications

를 만들어 여기에서 원유를 달러로 결제하도록 했다. 200여 개국의 1만 2000개 금융기관이 가입했다.

영원한 동맹은 없다

문제는 이란에서 시작되었다. 1901년 영국인 광산업자 윌리엄 녹스William Knox D'Arcy는 이란 정부로부터 60년간 석유 개발권을 획득하고, 1908년에 이란 남부에서 대규모 유전을 발견했다. 녹스는 1909년 영국페르시아석유회사APOC를 만든 뒤 은퇴했고, 당시 해군장관이었던 윈스턴 처칠Winston Churchill은 석유가 미래 커다란 전략적 가치가 있을 것으로 판단해 APOC 지분 51%를 영국 정부에서 매입했다.

이 회사가 브리티시 페트롤륨BP이다. 당시 영국은 이란 정부에 석유 이익의 16%를 로열티로 지불했지만, 제2차 세계대전 이후 이란은 영국 정부에 재협상을 요구했다. 특히 미국 석유 기업이 1949년 베네수엘라와 1950년 사우디와 석유 이익을 반반으로 나누기로 하면서 이란의 요구는 더 강해졌다.

당시 재정에 여유가 있던 미국은 석유 기업이 미국에 내야 하는 법인세를 사우디 등 산유국에 납부할 수 있게 해주어 석유 기업이 산유국에 지불하는 로열티를 지원해줬지만, 재정에 여유가 없던 영국은 이란에서 최대한 수입을 올려야 하는 상황이었다.

영국과 이란 간 로열티 재협상이 진행되던 1949년 10월, 석유 국유화를 공약으로 내걸었던 모하마드 모사데크Mohammad Mossadegh가 선거에 이겨 총리가 되었고, 모사데크는 50 대 50 배분 요구를 국유화로 방향을 틀어 1951년 4월 국유화를 단행한다.

1951년 6월, 영국 전함이 이란으로 향했고, 영국 공수부대가 투입 준비를 했다. 당시 미국은 소련과 냉전 중이었고, 이란은 거대 산유국이자 전략적 요충지였다. 이란이 공산화되면 사우디를 비롯한 세계 산유량의 3분의 2를 차지하는 중동 전체가 소련에 넘어갈 가능성에 미국은 걱정했지만, 이란을 지키기 위해서 소련과 전면전을 치를 수는 없다는 판단을 한다.

당시 미국은 군비 증강을 시작한 단계라, 1952년 말이 되어야 소련과 전면전을 해도 될 만큼 군사력이 올라온다는 판단을 했고, 그때까지는 소련과 전면전을 치를 만한 사건을 만들면 안 된다는 결정을 한 것이다. 최근 이런 내용을 담은 당시 비밀문서가 공개되었다.

이 상황에서 이란이 유전을 국유화했다. 영국은 군사력을 동원해서 이것을 되돌리려고 했으나, 미국이 이란과 영국을 중재에 나서 협상으로 해결을 시도한다. 그런데 생각보다 모사데크 총리의 고집은 강했고 협상은 타결되지 못했다.

1951년 9월 12일, 모사데크는 영국이란석유회사 AIOC의 모든 영국인 직원에게 15일 안에 퇴거명령을 내렸고, 영국은 이에 반발해 이란의 석유 수출을 막고 군대를 동원해 해상봉쇄를 단행한다. 이탈리아가 사들인 석유를 예멘 근해에서 영국 해군이 압수하는 등 석유 판로를 완전히 끊어버린 것이다. 이란이 석유 수출로 벌어들이는 수입은 1950년 4억 달러에서 1951년 7월~1953년 8월, 2년 합산 200만 달러로 급감한다.

1952년 2월, 영국과 이란 간 국교도 단절되면서 영국은 자국 내 이란의 자산을 동결하고, 설탕과 철강 등에 대한 수출 금지 조치를 발표했다. 모사데크는 UN 개입을 요청했지만 거부당했고, 처칠은 7만 명의 병력을 동원해 이란의 유전과 정유 시설을 장악할 계획을 세운다.

영국의 이란 공격에 반대하는 미국 트루먼 대통령에게 처칠은 "영국이 한국전쟁을 지원한 대가로 영국의 대이란 군사행동을 지원하라. 이란은 한국보다 중요하다. 이란을 통해 석유의 안정적 공급을 확보하는 것이 소련의 침략을 저지하는 중요한 요소다"라고 맞받아쳤다.

1952년 여름이 지나가자 미국은 강경한 모사데크를 협상의 걸림돌로 본다. 이란 문제 해결의 초점이 모사데크 제거로 옮겨간 것이다.

1952년 11월 20일, "소련이 이란을 침공하면 소련과 전면전을 벌인다. 영국과 함께 모사데크 제거를 위한 비밀공작을 추진한다"라는 NSC-136/1이 채택되어 백악관의 승인을 받는다. 이란을 향한 비밀공작은 영국과 미국 중앙정보국CIA이 공동으로 맡아 '아약스 작전'을 진행한다. 정권 교체 작전으로 군부 쿠데타를 통해 1953년 8월 20일 모사데크를 권좌에서 끌어내리는 데 성공한다.

이란은 1953년 모하마드 팔레비 왕조가 집권하고 민주 정부가 왕정으로 교체됐다. 이란의 석유는 미국과 영국의 이권이 되었고, 팔레비 왕조는 친서방 정책을 펼쳤다. 그러나 팔레비 왕조가 종교 지도자였던 아야톨라 루홀라 호메이니Ayatollah Ruhollah Khomeini를 추방하자, 전국적인 시위가 일어나 팔레비 왕은 이탈리아로 망명했고 호메이니가 정권을 잡았다.

호메이니 정권이 이탈리아로 도주한 팔레비 왕에 대해 분을 제대로 풀지 못하고 있는 상황에서 미국이 팔레비 왕가의 미국 입국 허가를 내준다. 이에 격분한 이란 대학생들이 이란 주재 미국 대사관에 난입해 미국 외교관 등 52명을 잡고 인질극을 벌였다.

1년 반 가까이 미국인들이 미국 영토인 이란 미국 대사관 안에서 인질이 되었고, 1981년 1월, 팔레비 왕가의 미국 내 재산을 이란에 돌려주는 조건으로 인질 석방이 이뤄졌다.

2005년 미국 대사관 인질극을 주도했던 대학생 마무드 아마디 네자드Mahmoud Ahmadinejad가 이란 대통령에 당선된다. 마무드 대통령은 강력한 반미 정책을 펼쳤고, 페르시아만에 있는 키시라섬에 이란 석유 거래소를 개설한다.

이란은 석유값을 달러가 아니라 유로나 이란 화폐인 리알로 받겠다고 선언하며 페트로 달러 체제에 도전했다. 이에 미국은 이란을 제재하기 시작했고, 이란을 국제은행 간 통신협회 스위프트에서 차단시킨다. 그런데 이란에 대한 미국 정부의 스위프트 차단에 역효과가 발생했다. 중국과 러시아가 언젠가 자기들도 스위프트에서 차단될지 모른다는 걱정을 한 것이다.

2014년 러시아는 루블화 결제 시스템을 만들었고, 그다음 해 중국도 위안화 결제 시스템을 만들었다. 현재 중국 위안화 결제 시스템은 세계 139개국의 1280개 은행이 사용할 정도로 확대되었다.

미국은 원유의 달러 결제에 도전하는 것을 최대 국익 저해 요소로 본다. 이라크, 베네수엘라 등 원유 달러 결제에 저항했던 국가를 가만두지 않았고 이란은 아직 경제 제재를 하고 있다.

2000년 이라크의 사담 후세인Saddam Hussein이 원유 대금의 달러 결제를 유로화로 바꾸겠다고 발표했다. 그러자 2003년 이라크 전쟁이 일어났고 후세인은 교수형을 당했다. 베네수엘라의 4선 대통령 차베스 역시 원유 대금의 달러 결제에 반발했다. 그는 암으로 사망해서 개인적인 신상에 문제는 없었지만, 현재 베네수엘라 경제는 완전히 파탄난 상태다.

현 중국 국가주석 시진핑은 사우디, 쿠웨이트, 카타르, UAE, 바레인 등 중동 산유국 지도자 회의에서 석유 거래 대금을 중국 위안화로 결제하겠다고 밝혔다. 사우디와 중국이 원유 결제를 위안화로 하겠다는 것은, 사우디와 미국의 상호방위조약이 사라지는 것과 더불어 미국의 타깃에 사우디가 추가되는 것으로 봐야 한다.

메르의 인사이트

강대국들은 핵심 이익을 철저하게 관리하고, 핵심 이익이 침해받으면 전쟁까지 불사한다. 세계에서 일어나는 일들을 관찰할 때 이것이 어떤 강대국의 핵심 이익 영역인지 주의 깊게 볼 필요가 있다. 대형 변수가 될 수 있기 때문이다.

09
가계대출과 DSR의 비밀

1970년대 후반 미국은 오일쇼크로 유가가 3달러에서 12달러로 4배나 올랐고, 곡물 가격도 오르며 인플레이션이 시작되었다. 이 때 인플레이션을 잡기 위해 제롬 파월Jerome Powell의 롤모델인 폴 볼커가 구원투수로 미국 연준 의장에 올랐다. 인플레이션을 잡으려면 당장 보이는 인플레이션뿐만 아니라, 앞으로 물가가 계속 오를 것이라는 기대 인플레이션까지 죽여야 한다. 폴 볼커는 성장을 포기하고 인플레이션을 잡는 데 총력을 기울이며 기준금리를 19% 이상 올렸다.

금리가 엄청나게 오르자 대출 이자를 내기 위해 소비를 줄여 경기가 나빠졌다. 장사가 되지 않아 미국 중소기업의 40%가 망했고, 대기업도 대출을 받아 투자해도 이자를 내면 남는 게 없다고 판단해 투자를 포기했다. 미국 제조업이 무너지기 시작한 것이다.

기준금리가 올라 미국 제조업이 무너졌지만, 비싼 이자를 노리고 미국으로 돈이 몰려오며 달러 환율이 다시 높아졌다. 미국 달러 환율이 크게 올라가자 일본이 혜택을 가장 크게 보았다. 미국보다 환율이 낮아진 일본은 싸게 수출을 할 수 있어 수출시장이 활황을 이뤘고 독일을 넘어 제조업 최강국에 올라가는 계기가 되었다. 미국의 무역적자 40%를 일본이 내는 정도였다.

미국은 일본을 그냥 두지 않았다. 1985년 9월 22일 미국 플라자 호텔에서 G5 회의가 열렸고 타깃은 일본이었다. 미국은 일본에 엔화 가치를 높이라고 압박했고, 미국에 수출 대부분을 하고 있었던 일본은 수용할 수밖에 없었다. 이것이 앞서 말한 플라자합의의 배경이다.

플라자합의로 달러당 250엔이던 환율이 120엔으로 반토막이 난다. 일본 수출품 가격이 2배로 올랐다는 말이다. 수출가격 상승으로 수출이 줄어들자, 플라자합의 다음 해인 1986년부터 일본은 마이너스 성장을 한다.

바젤 I의 시작

일본은 엔고(엔화 강세)가 매우 심해 수출로는 답이 나오지 않았다. 내수를 살리거나 해외 투자로 성장을 지속하려고 했다. 내수 확대는 부동산 버블을 일으켰고, 해외 투자는 동남아 쪽이 타깃이 됐다.

일본이 해외 투자를 늘리는 상황에서, 중국의 환율 조작으로 가격 경쟁력이 떨어진 동남아 기업들은 수출이 빠르게 줄어들며 부실화됐다. 투자 기업들이 부실화되자 동남아 투자를 많이 했던 일본 금융기관들이 파산한다. 당시 일본 금융감독국은 폴 볼커를 초대해서 자문을 받았다. 그는 일본 금융감독국에 BIS 기준을 도입하라고 조언했다.

BIS는 1930년 헤이그 협정에 따라 설립된 가장 오래된 국제금융기구다. 제1차 세계대전 이후 독일의 전쟁배상금 결제 기구로 출발한 후, G10 중앙은행이 모여서 세계 금융 현안을 논의하는 협의체로 성장했다.

1974년 독일 헤르슈타트 은행이 도산하였고, 이 은행과 거래하던 은행들이 외환시장에 심각한 영향을 미치면서, 세계 은행 간에 국제 공조가 필요하다는 주장이 일어났다.

1974년 말, G10 중앙은행 총재회의가 개최되었고, 스위스 바젤(인구 20만 명이 사는 스위스 제2의 도시)에 사무국을 둔 바젤위원회가

BIS 산하에 설립된다.

1980년대에 접어들자 남미 국가들이 과도한 외채로 국가부도에 놓였다. 이로써 남미에 해외 지점을 보유한 글로벌 은행의 자본비율이 크게 악화되었다. 외채가 많은 나라의 상환 능력에 우려가 커지면서 바젤위원회는 국제적으로 통용되는 은행의 자본적정성 규제를 만들었다.

1988년 7월, '자기자본 측정 및 자기자본에 대한 국제적 통일 기준(바젤I)'이 발표되었다. 위험가중자산 대비 8%의 자본을 보유하라는 BIS 기준이 국제적으로 영업하는 은행들이 준수해야 할 최소 자본 건전성 수준으로 제시된다.

일본 금융감독국은 폴 볼커의 조언(또는 압력)을 받아들여 일본 은행에 바젤의 은행 BIS 비율을 도입했다. 바젤 I의 주요 타깃은 위험가중자산과 신용리스크로, 은행의 자산을 각각 신용리스크 0%(현금, 국채 등), 20%(AAA등급을 받은 MBS 등의 증권), 50%(주택모기지, 지방채 등의 증권), 100%(신용대출, 회사채 등) 등으로 구분하고, 위험가중자산 대비 자기자본비율, 일명 BIS 8%를 지키라는 내용이다.

BIS 비율은 '자본/위험 가중 자산'으로 되어 있다. BIS 비율을 8% 이상으로 높이려면 자본을 늘리거나 위험가중자산을 줄여야 한다. 자본을 갑자기 늘리기 어려우면, 위험가중치가 0%인 현금과 국채 비중을 높이고, 위험가중치가 100%인 대출은 줄이라는 의미다.

일본은행은 갑자기 자본을 늘릴 수 없어 대출을 회수하며 비율을 맞췄다. 기존에 나가 있는 대출이 만기가 도래하는 대로 회수했다. 만기가 짧은 한국 종금사에 빌려준 돈이 회수의 주 타깃이 되었다. 1997년 일본계 은행 의존도는 한국 23%, 태국 50%, 인도네시아 39%, 말레이시아 36% 등으로 높은 비중을 차지하고 있었다.

일본은행에서 빌려온 돈의 만기 연장이 되지 않자 한국 종금사들도 기업이나 해외에 대출해 준 돈을 회수했다. 한국 종금사의 대출금 상환 요구가 러시아 모라토리엄 선언의 이유 중 하나다. 종금사의 전면적인 대출 회수에 대기업이 무너졌다. 태국 등 동남아 국가에 이어서 IMF 외환위기라고 불리는 한국 국가부도의 날이 시작된 것이다.

바젤 II와 바젤 III

바젤 I은 대출자가 신용이 좋든 나쁘든 관계없이 일률적으로 신용대출에 대해서 100%의 위험가중치를 적용하는 문제점이 있었다. 2004년 바젤위원회는 차주의 신용등급에 따라서 위험가중치를 다르게 적용하는 방법을 발표했다. 이것을 바젤 II라고 부른다. 같은 신용대출이라고 하더라도 신용도가 높은 곳에 빌려주면 위험을 낮게 평가하는 방식이다.

하지만 바젤 II로도 2008년 금융위기를 막지 못했다. 금융위기로 고생을 한 바젤위원회는 전반적인 바젤 기준 재검토 작업에 착수했다.

일단 G10 위주로 폐쇄적으로 운영했던 BIS를 63개국으로 확대했다. 이때 한국도 회원국에 들어가며 BIS 이사회의 멤버가 되었다. BIS 이사회는 정기총회만 1년에 6회가 열려서 BIS 선출직 이사인 한국은행 총재가 수시로 스위스에 가는 이유다.

BIS에 가입한 63개 회원국이 전 세계 GDP의 95%를 차지하고 있는 만큼 BIS 이사회는 중요한 자리다. BIS 총재회의는 중앙은행만 참여하는 회의로, 중앙은행 총재끼리 만나서 무슨 이야기를 나눴는지 외부에 전혀 공개하지 않는 전통이 있다. 그만큼 진솔한 이야기를 할 수 있는 자리라 잭슨홀 미팅(연방준비은행 주최로 열린 경제정책 심포지엄)은 빠져도 BIS 총재회의는 빠지면 안 된다는 말이 있다.

BIS는 2010년 11월 재검토를 완료한 바젤 III를 발표했다. 한국도 단계적으로 적용을 시작한다. 바젤 III가 우리의 실생활에 어떤 영향을 미칠지 주의해서 볼 필요가 있다.

정부는 서울시 강동구 둔촌주공이 문제가 되자 부동산 규제를 대폭 풀었다. 부동산 규제 완화를 보면서 가장 중요한 총부채원리금상환비율DSR 규제는 왜 풀지 않는지 불평이 나오고 있다.

이번 바젤 III 최종안 목표 중의 하나가 가계대출을 줄이고, 기업대출을 늘리는 것을 유도하는 것이다. 가계대출보다는 기업대출을 늘리는 것이 BIS 비율을 달성하는 데 유리하도록 기준을 구성한 것이다.

기업대출 비중이 높은 은행의 BIS 비율은 크게 오르겠지만, 가계대출 비중이 높은 은행은 비중 조정이 요구된다. 가계대출 비중이 높은 한국의 시중은행은 기업대출을 더 해줘야 하는데, 경기 침체를 앞두고 부실이 걱정되는 기업대출 비중을 늘리기에 부담이 있을 것이다.

▌메르의 인사이트

은행들은 기업대출을 늘리는 게 아니라 가계대출을 줄여 비중을 맞추는 쪽으로 방향을 잡을 수 있다. 앞으로 DSR 규제는 웬만해서 풀리기 힘들고, 가계대출을 받기는 점점 어려워질 것으로 본다.

3장

경제 원리에 숨겨진 부와 투자의 비밀 : 기본편

01

부동산 가치를 측정하는 법

땅은 접하고 있는 도로가 중요하다. 같은 면적의 땅이라고 하더라도 접하고 있는 도로에 따라서 가치가 달라진다. 시의 조례 등에 따라 달라지지만, 보통 접하고 있는 도로의 1.5배 높이로 건물을 올릴 수 있다. 넓은 도로를 접하면 접할수록 높은 건물을 올릴 수 있어 땅의 가치가 올라간다는 말이다.

강남 테헤란로는 도로 폭의 3배까지 건물 높이를 올릴 수 있도록 조례가 완화되어 있다. 이렇듯 지역마다 차이가 있지만 1.5배를 기본으로 보면 된다. '여의도 63빌딩이 63층을 올릴 수 있을 만큼 넓은 도로를 접하고 있나?'라고 반문할 수 있다. 강과 접해 있으면 강을 도로와 같이 합쳐서 보기 때문에 높은 건물이 허가가 날수 있다. 강남 타워팰리스는 양재천이 도로 폭에 포함되었고, 부산은 바다가 도로 폭에 포함되어 해변에 건물을 높게 세울 수 있는 것이다. 이렇다 보니, 같은 면적의 땅이라도 넓은 도로와 접할수록 건물을 높이 올릴 수 있어서 가치가 올라간다.

도로와 접하고 있는 땅의 모양도 중요하다. 땅은 접하고 있는 도로를 기준으로 모양을 이야기한다. 도로와 세로로 좁게 접하면 세로 장방형, 가로로 넓게 접하면 가로 장방형 등으로 부른다. 땅은 삐뚤삐뚤한 부정형보다 네모반듯한 장방형이 좋고, 특히 상업지역에서는 가로가 넓게 접하고 네모반듯한 가로 장방형이 가치가 높아진다.

땅에 대한 기본 지식

땅덩어리가 큰 땅이 좋은지, 작은 땅이 좋은지는 상황에 따라 달라진다. 과일도 큰 것이 좋듯이 땅도 큰 땅이 좋은 게 일반적이다. 하지만 지역에 따라서 큰 땅이 나쁠 수 있다. 한국은 아무리 돈이 많아도 주거지역에 과하게 큰 주택을 올리지 못한다. 위화감 조성 등 여러 이유가 있다.

큰 땅이 주거지역에 있다면 땅을 여러 개의 주택 부지로 쪼개야 하는 경우가 생겨서 가치가 떨어질 수 있다. 땅을 여러 개로 쪼개서(분필) 주택을 올리면, 뒤의 집은 접근할 수 있는 길을 만들어야 해서 땅이 길로 낭비되고, 도로에 접하지 못한 뒤쪽 부지는 도로에 접한 적당한 크기의 토지보다 가치가 떨어지게 된다.

너무 큰 땅도 문제지만 너무 작은 땅도 문제다. 땅이 너무 작아도 해당 지역의 조례에 따라 건축 허가가 안 날 수 있다. 건물을 올리지 못하는 작은 땅은 텃밭이나 주차장으로밖에 쓸모가 없는 땅이 된다. 옆에 붙어 있는 땅을 사서 두 땅을 합치면(합필) 쓸모없는 땅을 쓸모 있게 만들 수도 있어 이런 땅만 찾아다니는 사람도 있다. 땅은 지역(상업, 주거 등) 특성에 맞는 적당한 크기의 땅이 좋지 지나치게 크거나 작으면 가치가 떨어진다.

주택의 경우 방향도 중요하다. 주택의 방향은 대문이 나 있는 쪽이 방향의 기준이 된다. 아파트에 사는 사람들은 보통 남향을 선호한다. 겨울에도 집 안에 햇볕이 오래 머무르는 등 여러 장점이 있어서 그렇다.

반면 부동산 투자 개념의 주택은 남향이 안 좋은 경우가 많다. 오래된 주택을 허물고 다세대 주택을 짓는 경우가 많아져서 그렇다. 땅도 네모반듯한 땅이 좋듯이, 건물도 네모반듯하게 올라간 건물이 전체 면적을 넓게 쓸 수 있어 선호도가 높다.

다세대 주택을 올리려고 오래된 주택을 샀는데 남향이면 일조권 때문에 건물을 네모나게 올리기 힘들 수 있다. 앞집이 햇빛 받는 것을 방해할 수 있기 때문에 남향 건물에는 일조권이 적용된다. 주거지역에 남향 건물은 층별 높이의 절반을 안으로 들여서 계단식으로 올려야 한다. 계단식은 외관상 좋지 않아서 상층부를 사선으로 깎아서 비스듬하게 건물을 올리는 경우가 대부분이다.

건물이 밑에는 직선으로 올라가다 위에서부터 사선으로 비스듬하게 올라가는 경우를 볼 수 있다. 높이 9m(대략 3층)까지는 안으로 1.5m만 띄우면 사선 제한을 적용받지 않아서다. 3층까지는 땅에서 안쪽으로 거리를 1.5m 띄워서 일직선으로 건물을 올린 후, 4층(9m 초과)부터 비스듬하게 깎아서 올리는 것이다. 주거지역의 땅이나 오래된 주택을 살 때 재건축을 생각한다면 남향이 아니라 일조권 적용을 받지 않는 북향 등이 좋다는 뜻이다.

땅은 같은 면적에 큰 건물을 올릴 수 있어야 가치가 올라간다. 대지 면적에 대한 건물의 바닥 면적(1층 면적)의 비율을 '건폐율'이라고 한다.

주거지역은 보통 땅 넓이에 60%까지 1층 건물을 올릴 수 있는 건폐율 60%가 많고, 상업지역은 건폐율이 80%까지 올라간다. 주거지역에 있는 땅보다 상업지역에 있는 땅에 더 넓은 1층 건물을 올릴 수 있다는 말이다.

땅 넓이 대비, 건물의 각층의 면적을 모두 합쳐서 계산하는 '용적률'도 있다. 일반 주거지역은 건폐율 60%에 용적률 100%인 경우가 많다. 땅 면적이 100이라면, 건폐율 60을 맞추기 위해 1층을 60으로 짓고, 용적률 100을 맞추기 위해 2층을 40으로 올리는 것이다.

1층에 마당이 있고, 2층이 1층보다 작은 주택이 모여 있는 곳이 보이면, 건폐율 60%에 용적률 100%를 적용받는 일반 주거지역이라는 것을 짐작할 수 있다.

반면에 일반 상업지역은 건폐율 80%에 용적률 600% 등이 가능해서, 땅의 80%에 7층 건물을 올려도 용적률이 7×80=560%로 600% 이내라 높은 건물을 올릴 수 있다. 상업지역 땅값이 주거지역보다 높은 이유다.

땅은 도로와 붙어 있어야 한다. 도로와 붙어 있지 않는 땅을 눈 멀 맹盲 자를 사용해서 맹지盲地라 하고, 건축 허가가 나지 않아 가치를 아주 낮게 본다. 만약 맹지 앞의 도로와 붙은 땅을 사서 두 땅을 합칠 수 있다면, 맹지가 도로에 접한 땅이 되어 가치가 크게 올라갈 수 있다. 이러한 땅을 찾고 합쳐서 가치를 올리는 부동산 투자 방법도 있다.

부동산은 움직이지 않는 재산이고, 감가상각이 일어나지 않는 땅이 부동산 가치의 기본이다.

02
일본 엔화와 국채에
숨겨진 경제 논법

1979년 판매를 시작한 이후 43년간 10엔이었던 일본의 국민과자 우마이봉이 12엔으로 가격을 올렸다. 우리 돈으로 20원 오른게 아무것도 아닌 것 같지만, 생각보다 일본인들의 충격은 컸다. 2022년 한 해 동안 일본 음식료품 업체들은 2만 800개 품목의 가격을 평균 14% 올렸고, 2023년에도 7000개 넘는 식료품이 가격 인상을 진행하고 있다.

일본의 전방위적 물가 상승은 당분간 이어질 전망이다. 일본 가구의 평균 생활비는 연간 6만엔 정도 더 들 것이라는 분석이 나오고 있다. 2023년 소비자 물가지수CPI 상승률이 일본은행의 물가관리 목표인 2%의 2배가 넘는 4.2%로 예상되면서, 물가가 임금보다 가파르게 올라 일본인들의 실질임금은 줄어든 상황이다.

일본은행은 인플레이션을 바라며 정책을 펼쳤지만, 이 정도의 인플레이션을 원한 것이 아니었다. 아베노믹스는 일본의 경기 회복을 위한 아베 정권의 정책이다. 당시 일본 정부는 국채를 마음껏 찍고 일본은행은 그 국채를 사들일 때 대금을 엔으로 지불해서 시장에 엔이 흔해지는 방식으로 인플레이션을 유도했다.

과거 일본은행이 일본 국채를 보유하는 비율은 10% 수준이었다. 2023년에는 일본은행이 일본 국채의 50% 이상을 보유했고 갈수록 그 비중이 높아지고 있다.

일본은행이 일본 국채를 보유한다는 의미는 국채를 사고 엔을 내준다는 것이고, 엔이 흔해지는 만큼 가치가 떨어져 물가를 자극한다는 뜻이다. 엔화가 시장에 많이 풀리면 일본에 본격적인 인플레이션 징후가 나오기 시작한다.

문제는 일본의 과다한 국채 발행 규모다. 인플레이션을 잡는다고 금리를 올리면, 금리 1%가 오를 때마다 정부의 국채 이자 부담은 3조 7,000억 엔(2025년 기준)이 늘어난다는 계산이 나오는 배경이다.

앞서 말했듯이 '돈은 리스크가 같으면 수익이 높은 곳으로 움직이는 속성'이 있다. 미국이 금리를 올렸는데 일본이 금리를 따라 올리지 못하자, 돈이 일본을 빠져나가 미국으로 이동하기 시작했다.

일본이 미국 따라 금리를 웬만큼 올린다고 문제가 해결되지 않는다. 일본은행은 제로금리의 수준을 조금 올려봐야 미국의 기준금리와 격차가 커서, 한두 번 금리 인상에 그치지 않고 금리를 계속 올려야 하는 상황에 직면해 있는 것이다.

일본은행의 정책회의는 1년에 8회 열린다. 일본은행 총재가 바뀌고 정책회의가 열리는 횟수가 늘어날수록 금리 인상에 대한 압박은 늘어날 수밖에 없다.

공통담보자금공급 오퍼레이션

일본은행은 특이한 대책을 하나 냈다. 바로 '공통담보자금공급 오퍼레이션'이다. 일본은행이 '지정가 매입 오퍼레이션'으로 일본 국채를 지나치게 사들인다는 비난을 받자, 일본은행에서 일본의 시중 은행에 돈을 빌려주고 일본 국채를 사들이는 방식으로 국채 운용을 바꾼 것이다.

이러한 일본은행의 대책에 '일본스럽다'라는 평이 쏟아졌다. 실질적으로 바뀌는 것은 아니지만, 외형상으로는 일본은행이 아니라 일본 시중 은행이 일본 국채를 사게 만든 것을 비꼰 것이다.

공통담보자금공급 오퍼레이션은 일본 시중 은행 입장에서는 돈이 되는 장사다.

예를 들면 2년짜리 정기예금 금리가 4%인데, 3%로 2년짜리 대출을 받을 수 있다고 가정해보자. 3%짜리 대출을 받아 4%짜리 정기예금에 넣어 놓으면 무조건 이익이다.

일본은행의 자금을 일본 시중 은행이 빌리는 방식은 대출금리를 경쟁입찰하는 식으로 진행되었다. 입찰 상황을 보면, 일본은행이 5년짜리 대출을 1조 엔 빌려주겠다고 일본 시중 은행에 신청을 받았는데 3배가 넘는 신청이 들어왔다. 일본 시중 은행이 대출받겠다는 금리를 제시하고, 금리가 높은 순으로 자금을 배정해 은행에 따라 0.11~0.14%선에서 대출금리가 결정되는 식이다.

일본 시중 은행은 0.11~0.14% 금리의 5년짜리 대출을 받아 0.18%짜리 일본 국채 5년 물(5년 만기)을 구입했다. 일본은행은 공통담보자금공급 오퍼레이션을 계속하며 일본 국채를 과거와 같이 계속 무제한으로 사들이겠다는 의지를 보이고 있다.

일본은행이 이런 무리한 시도를 하는 것은 인플레이션이 2023년 후반에 잡히든지, 아니면 미국이 2024년 상반기에 금리를 다시 인하할 것을 기대하며 버티겠다는 것으로 해석된다. 버티기 계획이 실패해서 일본은행이 의도한 목표 달성이 어려워지면, 고

짐을 부리다 비용만 엄청나게 키워 버렸다는 비판에 직면할 수밖에 없을 것이다.

03
환율과 달러 스마일

환율이 안정화되기 위해서는 '상대적으로 양호한 국가 재정, 지속적인 무역 흑자, 4,000억 달러 이상의 외화보유고' 등 한국 경제의 강점이 계속 유지되어야 한다. 현재 한국 경제 상황을 다시 정리해보자.

국가 재정은 코로나19 이후 지출을 확대하면서 2016년 1,433조 원의 국가 부채가 2021년 2,196조 원까지 늘어나 안정적이라고 이야기하기 힘든 수준이다. 사회는 빠르게 노령화로 가고 있어 돈을 버는 사람들이 내는 세금은 줄어들고 노년층을 위한 복지 지출은 늘어날 수밖에 없다. 시간이 지나도 국가 재정이 좋아지기 힘들다는 말이다. 지속적인 무역 흑자도 이제 옛말이 되었다. 1년 이상 무역수지 적자가 났으며 적자 폭도 커지고 있다.

상대적으로 양호했던 한국 경제의 장점이 아슬아슬한 상황에 온 것이다. 이런 상황이 조금만 더 악화되거나 어떤 이슈가 발생하면 국가 차원의 심각한 재정 악화가 발생할 수 있다.

미국의 금리와 영향

미국의 과거를 살펴보자. 2001년경 미국은 경기가 빠르게 위축되기 시작했다. 미 연준은 금리를 인하하며 돈을 풀어서 경기를 부양했다. 당시 미 연준 의장은 앨런 그린스펀이었다. 연준은 6%대였던 기준금리를 2003년 1%까지 빠르게 낮췄다. 1%대 기준금리는 당시 이례적인 저금리였다.

금리는 돈의 가격으로 볼 수 있다. 가격은 수요와 공급으로 결정이 되는데, 금리가 돈의 가격이라면 금리는 돈의 수요와 공급에 의해서 결정된다. 돈의 공급이 넘치면 돈의 가격인 금리가 내려가고, 돈이 귀해지면 비싼 이자를 주고라도 돈을 구하려고 하기 때문에 금리는 올라가는 성질이 있는 것이다. 미 연준이 기준금리를 1%까지 낮춘다는 것은 '돈의 공급을 늘리겠다'는 의미다.

달러의 공급이 많아지면 달러는 흔해진다. 무엇이든 귀하면 오르고 흔하면 내리니, 흔해진 달러는 약세가 된다. 금리가 낮아지고 달러 약세가 되면, 달러는 신흥국으로 흘러 들어간다.

A가 한국에서 원화 대출을 받으면 6%인데 달러 대출을 1%로 받을 수 있다면, 달러로 대출을 받은 뒤 환전해서 쓸 것이다. 100만 달러를 대출받고 원·달러 환율이 1,100원이라면, 원화로 환전해서 11억 원을 만드는 것이다. A는 11억 원으로 공장을 확장하고 설비를 사들여 돈을 벌고, 이자는 달러 기준으로 100만 달러의 1%인 1만 달러를 내면 되니 부담이 별로 없다.

돈은 미국에 뿌렸지만, 미국 기준금리가 낮고 달러가 약세가 되면 그 돈의 상당 부분이 금리가 높은 신흥개발국에 대출 등으로 흘러가는 것이다.

저금리에 돈이 많이 풀리면 자산시장과 주식시장도 달아오른다. 돈이 흔해지면 내가 산 부동산을 더 비싸게 사줄 사람이 쉽게 생기고, 주식도 마찬가지다. 보통 이때는 아파트도 가격이 오르고 주가지수도 오른다.

시작이 있으면 끝이 있는 법이고, 이 논리가 반대로 감기기도 한다. 미 연준이 인플레이션을 잡기 위해 달러 유동성 공급을 줄이면 달러가 부족하니 달러 가치가 올라가고, 돈이 마르면서 자산시장이 얼어붙는다. 부동산 가격이 하락하고, 신흥개발국에 뿌려진 돈은 금리가 높아진 미국으로 돌아간다.

자산가격이 하락하면 달러로 대출을 해준 채권자들은 돈을 빌려 간 채무자가 제공한 신용과 담보를 의심한다. 대출을 연장해주지 않고 상환 요구를 하고, 나라 재정이 안정되지 않은 신흥국에 대출을 해준 채권자들은 더 심하게 상환 요구를 한다.

달러를 대출받아 공장을 세우고 설비를 구입한 A는 대출 연장이 안 되니 달러 대출을 갚아야 한다. 빌릴 때 1,100원이던 환율이 1,400원이 되면 빌렸을 때는 11억 원이었지만 이제 14억 원으로 100만 달러를 만들어서 달러 빚을 갚아야 하는 것이다.

이런 사람들이 많아지면, 외환시장에 달러 수요가 더 많아지고, 달러 가치가 오른다. 미 연준의 '유동성 축소'로 하락하던 원·달러 환율이 하늘로 튀어 오르며 강세가 시작되는 것이다.

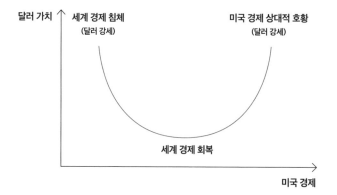

달러 스마일

'달러는 경제가 호황일 때도 강하지만, 경제가 침체로 들어가도 강해진다'는 이론이 있다. 경제학자 스티븐 젠Stephen Jen이 말한 '달러 스마일' 이론이다. 경기 침체로 들어가는 초입에서 생기는 달러 스마일이 달러 가치를 다시 올리는 원인이 될 수 있음을 유의해야 한다.

04
장단기 금리 역전을
심각하게 보는 이유

1년 만기 신용대출을 받을 때보다 5년 만기 신용대출을 받을 때 이자가 더 비싸다. 친한 친구가 1,000만 원을 한 달만 빌려달라고 하면 좀 불안해도 빌려줄 수도 있다. 그런데 5년을 빌려달라고 하면 느낌이 달라지는 것과 비슷하다. 친구의 지금까지 신용이나 요즘 친구 식당이 장사가 잘되는 것 등을 고려하면 한 달 정도 빌려줄 수 있지만, 5년이라면 그동안 무슨 일이 일어날지 모르기 때문이다.

채권도 마찬가지다. 오랜 기간 돈을 빌리는 장기 채권은 단기 채권보다 일반적으로 금리가 높다. 아주 가끔 단기 채권 금리가 장기 채권보다 높아질 때가 있다. 이때를 '장단기 금리 역전이 일어났다'고 한다.

만기 1~2년의 단기 채권은 보통 기준금리의 영향을 많이 받고, 장기 채권은 경기 전망에 따라 움직인다.

경제 상황이 좋아질 것 같다면, 돈이 채권시장에서 주식 등으로 이동하면서 장기 채권 가격이 떨어지고 채권 금리가 오른다.

반대로 경기가 나빠질 것 같으면, 안전자산의 대표격인 10년 물에 매수세가 집중되어 장기 채권 가격이 올라가고, 채권 금리가 떨어진다.

일반적으로 미국 국채 2년을 단기 채권의 대표 선수로 보고, 10년을 장기 채권 대표 선수로 봐서 두 국채 금리에 역전이 일어나

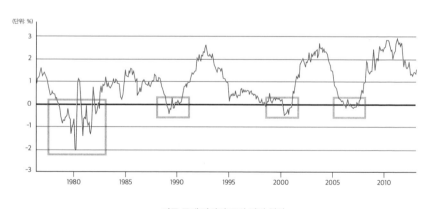

미국 국채 장단기 금리 역전 현상

출처: https://fred.stlouisfed.org

는지 살펴본다. 이 그래프는 미국 국채 10년 금리에서 미국 국채 2년 금리를 뺀 것이다.

지금까지 4번의 장단기 금리 역전 이후 평균적으로 15개월 뒤에 '오일쇼크, 일본 부동산 버블 붕괴, 닷컴 버블 붕괴, 글로벌 금융 위기'가 왔다. 주식으로 따지면 장단기 금리 역전 이후 시차를 두고 나스닥100 등의 폭락이 일어났다는 말이기도 하다.

무조건 장단기 금리 역전이 일어났다고 해서 조금 있으면 폭락이 오는 것은 아니다. 패턴이 다를 수 있다.

보통 10년 국채가 내려가서 장단기 역전이 되는데, 한 번씩 2년 국채가 과하게 올라가면서 장단기 금리 역전이 나타날 수도 있다. 2022년 이후 장단기 역전은 10년 국채가 내려가서 역전이 된 게 아니라, 2년 국채와 10년 국채가 모두 올랐는데 2년이 10년보다 훨씬 더 올라가 장단기 금리가 역전이 되는 패턴이다.

10년 국채 금리가 올라가 '기존 이론이 맞는다면 장기적인 경제 전망이 좋은 것 아닐까?' 하고 생각할 수 있지만 그렇지 않다. 장기 국채 금리가 올라가는 이유가 경제 전망이 긍정적이어서 오르는 게 아니라, 살 사람이 없어서 오르는 것으로 보는 게 적절하기 때문이다.

미국 경기 침체의 경고음

2023년 현재 장기 국채의 주요 고객인 국가급 구매자가 줄어들고 있다. 중국이 가장 많이 미국 장기 국채 구매를 줄였고, 일본도 예전만큼 구입하지 않는다. 미 국채를 사는 곳이 없을 때 미국 연준이 사들였는데, 미 연준도 인플레이션을 잡기 위해 국채를 사들이지 못하고 있다. 연준이 국채를 사들인다는 것은 국채를 사는 값을 달러로 지불하는 방식이라 달러를 푼다는 의미인데, 달러를 풀면 달러 가치가 떨어지고 물건값이 오르는 인플레이션이 더 심해지기 때문이다.

중국, 일본, 영국 등이 미국 국채를 전처럼 사들이지 못하고, 미 연준마저 인플레이션 때문에 국채를 사들이지 못하면, 국채 수요가 줄어 국채 가격이 떨어지고, 장기 국채의 금리 상승으로 나타나는 것이다. 경기가 좋아질 것이라고 예상해서 장기 국채 금리가 오르는 것이 아니기에 이면을 봐야 한다.

장단기 금리 역전을 금융계에서는 탄광 속의 카나리아라고 부른다. 과거 탄광에서 일하던 광부들이 유해가스가 발생했을 때 위험을 감지하기 위해 카나리아를 곁에 두고 일했다. 유해가스에 민감한 카나리아가 이상 행동을 보이면 광부들은 위험을 감지하고 탄광에서 탈출했다. 즉, 카나리아 비유는 장단기 금리 역전 후 평균 15개월 뒤에 이슈가 생겼으니, 그 정도 시간이면 포트폴리오를 조정하고 준비할 시간이 된다는 말이다.

미국 국채 2년 물 금리가 10년 물 금리보다 100bp(1bp=0.01% 포인트) 이상 높은 것은 40년 만에 처음이다. 2007년 미국발 금융 위기가 터지기 직전인 2006년 12월 미국의 2년 물과 10년 물 금리 역전 차는 11bp, 닷컴 버블 직전인 2000년 3월엔 41bp였는데, 2022년에는 57bp를 기록했고, 2023년에는 100bp 이상 벌어진 것이다.

세계 주요 52개 투자 기관과 경제조사 기관이 조사한 12개월 내 미국의 평균 경기 침체 확률은 60%로 나왔고, 이 중 2개 기관은 침체 확률을 100%로 전망했다.

경기 침체에 대한 공포심이 커지면서 미국 빅 테크(거대 정보기술) 기업들은 선제적으로 정리 해고와 고용 동결에 나서고 있다. 아마존은 직원들을 상대로 "향후 고용을 일시 중단하겠다"며 전사적 고용 동결을 통보했고, 애플 역시 사실상 모든 추가 고용의 중단을 선언했다. 원인이 과거와 다른 듯하지만, 상당수 기업은 경기 침체에 대비하기 시작했다.

메르의 인사이트

강남의 눈치 빠른 사모님들이 요즘 현금보다 미술작품을 쟁여 놓기 시작했다. 위험이 과거처럼 단순하지 않다고 판단하는 듯하다. 미술작품 투자에는 재미있는 요소가 많다. 미술작품은 화가가 살아 있는 경우 가치를 높게 평가한다. 생존 작가의 그림은 양도소득세를 비과세하기 때문이다. 10년 이상 보유하면 세금이 절반으로 더 줄어들어 장기 보유를 많이 한다. 미술품을 사라는 말은 아니다. 다만, 상황에 따라서 투자처를 탄력성 있게 바꾸는 것이 현명하다는 의미다.

05
워런 버핏이
일본 종합상사에 투자한 내막

아프리카 마다가스카르에 암바토비 니켈 광산이 있다. 암바토비 니켈 광산은 세계 3대 니켈 광산으로 1억 5000만t의 니켈 원광이 매장되어 있어 연간 4만 7000t의 니켈을 생산할 수 있다. 니켈 중에서도 질 좋은 하이 니켈 매장량이 풍부하고, 코발트가 연간 3000t 이상 같이 나와 단일 광산에서 나오는 코발트 양으로는 세계 톱10에 들어갈 만큼 코발트도 많이 나온다.

2006년 11월, 광물자원공사는 1조 4,000억 원을 투자해서 이 광산의 지분 22.5%를 인수하고, 여기서 나오는 광물의 절반에 대한 처분 권리를 2023년까지 확보했다.

문제는 인수 이후 니켈 가격 하락으로 계속 적자를 본 것이다. 투자에 관여한 광물자원공사 사장은 검찰에 기소되고 직원들도 자원외교 비리로 수사를 받는 등 고생을 했다. 결국 광물자원공사는 한국광해광업공단에 통폐합되었고, 해외 자원 투자 기능과 조직을 없애 공단 차원의 해외 자원 발굴 및 투자 기능은 사라지게 된다. 줄어든 조직과 예산이 정부 내 타 부서로 이전된 것이 아니라, 정부 전체적으로 해외 자원 개발 조직과 지원 예산이 축소된 것이다.

중국이 2021년 해외 자원 개발 기업의 지분 인수·합병에 107억 달러를 투자하고, 해외 자원 탐사에 별도 예산을 배정하는 것과 대조적이다.

전기차가 뜨고, 러시아가 우크라이나를 침공하며 전기차 배터리의 소재인 니켈 가격이 급등했다. 암바토비 니켈 광산은 돈이 되기 시작했고, 광업공단은 암바토비 니켈 광산에서 2억 1,000달러의 수익 배당을 받으며 흑자로 전환했다.

암바토비 니켈 광산에서 생산되는 니켈은 한국 배터리 회사인 에코프로비엠 등에 납품되어 하이 니켈 배터리에 사용될 것으로 예상된다. 포스코는 암바토비 광산 지분을 팔겠다고 이사회까지 열어서 승인했지만, 컨소시엄을 탈퇴할 수 없어 팔지 못한 것이 대박이 난 것이다.

이 프로젝트를 시작할 때 광산 지분은 일본과 한국이 27.5%로 똑같았고, 캐나다 기업 셰리트가 40%를 보유한 최대 주주였다. 최대주주였던 셰리트는 2017년 암바토비 광산 지분 일부를 팔려고 한국과 일본에 구입 의사를 타진했는데, 당시 한국암바토비컨소시엄KAC(광물자원공사 81.8%, 포스코 14.5%, STX 3.7% 지분)은 포스코의 컨소시엄 탈퇴 선언으로 탈퇴 심사를 진행하고 있던 시기였다.

셰리트의 지분을 인수하기 위해서는 KAC이사회 의결이 필요했다. 하지만 포스코 탈퇴 심사가 진행되고 있어 이사회를 열지 못했고, 지분 대다수를 일본 스미토모 상사가 인수하게 된다.

스미토모 상사는 2017년과 2020년, 셰리트가 내놓은 암바토비 니켈 광산 지분을 계속 구입해 54.18%를 가진 최대주주가 되었다. 광산의 최대주주가 되면 품질이 높은 광물 위주로 가져올 수 있는 등 여러 유리한 의사결정을 할 수 있다. 우리가 확보할 수 있는 지분을 포기한 것은 아쉬운 대목이다.

니켈 광산 최대주주가 된 스미토모 상사는 '미쓰비시 상사, 미쓰이 물산, 이토추 상사, 마루베니 상사'와 함께 일본 5대 종합상사 중 한 곳이다.

일본의 종합상사는 변신 중

일본의 종합상사들은 2000년 초반 무역 중개에서 광물자원 확보로 방향을 바꾼다. 미쓰비시 상사는 칠레의 구리 개발 사업과 호주의 액화천연가스LNG 사업을 추진하고, 세계 석탄 광산의 25%를 확보했다.

미쓰이 물산이 투자한 회사들이 캐는 철광석 양은 세계 철광석 생산량 4위를 기록하고 있고, 스미토모 상사는 인도네시아 니켈 광산, 희토류 광산들과 셰일오일 유전, 코발트와 천연가스 광산 등에 지속해서 투자하고 있다.

이 상사들은 광물자원 확보에 이어서 식량 사업을 강화하고 있다. 마루베니 상사는 미국 곡물회사 가비론을 2013년 2,700억 엔에 인수했고, 미쓰이 물산은 2011년 브라질 농업회사인 멀티 그레인을 인수했다. 스미토모 상사는 2014년 호주의 곡물 회사 등 자원과 곡물 관련 회사를 계속 인수하거나 지분 투자를 늘리고 있다.

기후변화에 따라 농업 작황 변동성이 커졌고 인구는 늘어나고 있다. 그런데 대부분 국가의 식량자급률이 계속 떨어지는 상태라 향후 식량이 돈이 될 것이라고 판단한 것이다.

일본 상사들은 식량 생산부터 가공, 도소매에 이르는 전체 사업 영역에서 부가가치를 최대한 내는 전략을 세웠다. 이토추 상사를 비롯한 미쓰비시 상사, 미쓰이 물산, 스미토모 상사 등은 현지에서 생산되는 곡물의 수출 대행, 집하와 판매회사의 인수·합병에 투자하고, 편의점 등 소매업체와 제휴해 전체 밸류체인(특정 제품의 생산과정에서 원재료 제조까지 사슬처럼 엮여 가치를 창출하는 기업)에 직간접 투자를 확대하고 있다.

자원 사업 하나로는 가격 변동성이 크지만 식량 사업에 생산부터 소비재까지 긴 밸류체인을 형성하면, 상사가 가지고 있는 역량을 잘 활용할 수 있을 뿐만 아니라 포트폴리오가 다양해져서 위험분산이 가능하다고 판단한 것이다. 이렇게 일본의 종합상사는 무역중개회사가 아니라 자원과 식량 회사가 되었다.

몇 년 전부터 일본의 5대 종합상사들은 2단계 변신을 시작했다. 미쓰비시는 온실가스 삭감과 관련된 CO_2 고정화 기술에 힘을 쏟고 있다. 콘크리트 제조 공정은 석회석을 굽는 소성 과정에서 다량의 CO_2가 발생한다. 석회석을 굽는 과정에서 배출되는 CO_2를 회수해서 시멘트에 주입하고, 화학반응으로 칼슘 결정을 만들어 CO_2를 콘크리트에 고정하면, CO_2 배출이 줄어들면서 콘크리트 강도가 강해지고 제조비도 특별히 높아지지 않아 가장 빠른 속도로 상용화되고 있다.

이토추 상사는 CO_2 수송에 중점을 둔다. CO_2를 1000t까지 옮길 수 있는 선박을 미쓰비시 조선에 발주해서 건조했고, 연간 10회간사이 전력에서 홋카이도 전력으로 CO_2를 운송하는 연간 1만t 규모의 CO_2 선박 수송 실험을 진행하고 있다. 2023년까지 테스트를 완료하면 2024년에 CO_2 수송을 상용화할 예정이다.

미쓰이 물산은 포집된 CO_2를 저장하는 사업에 뛰어들었고, 호주의 삼림 회사인 뉴포레스트New Forests 지분 49%를 취득해 삼림에서 얻는 탄소배출권 판매 사업을 하고 있다.

마루베니는 영국 카본클린솔루션스CCSL에 출자했다. CCSL은 공장에서 발생하는 배기가스에서 CO_2를 포집하는 기술을 보유하고 있고, 현재 포집하는 가격 경쟁력에서 선두를 달리는 회사다.

일본 종합상사는 '라면에서 로봇까지' 세상의 모든 영역에 발을 담그는 것으로 보이지만, 최근에는 자원과 식량 외에 친환경 사업 쪽으로 역량을 집중하고 있다.

무언가 장기적으로 큰돈이 될 것 같으면 발 빠르게 투자하는 할아버지가 있다. 2020년 8월 31일, 워런 버핏은 일본 5대 종합상사 지분을 5%씩 사들였다고 공시하며 일본에 처음 투자했다. 버핏이 일본 종합상사 주식을 구입한 시기는 코로나19 여파로 세계 경제가 침체에 빠지면서 원자재 가격이 하락하던 때였으며, 일본 종합상사의 수익과 주가가 모두 바닥이었다.

버핏이 투자한 이후 국제 원자재 가격이 급등세로 전환하면서 버핏의 5대 종합상사 평가금액은 3배 이상 올랐다. 이로써 버핏은

'투자의 귀재'라는 사실을 재입증했다. 이후 버핏은 2022년 9월 공시에서 5대 종합상사 주식을 1%씩 더 사들여 5%였던 지분을 6%대로 높였다. 이어 2023년에도 7.5%까지 추가 구입했다. 최종적으로 9%까지 늘릴 것으로 예상된다. 버핏은 일본 5대 종합상사를 무역중개회사가 아니라, 자원과 식량, 친환경 에너지 관련 회사로 보고 투자한 것으로 보인다.

메르의 인사이트

버핏은 다음과 같이 말한 적이 있다.

"에너지 사업 투자는 '부를 일구는 길은 아니지만, 부를 지키는 길'이다."

버핏은 자원과 식량, 친환경 에너지 사업 지분 확대를 통해 '부를 지켜야 하는 시기'가 다가오고 있는 것으로 예상하고, 주가 상승과 환차익을 양방으로 취하며 세계경기 변동 위험에 대비하는 것으로 보인다.

06

은이 가진 투자 매력은
무엇일까?

은은 의외로 제련이 까다로운 금속이다. 은이 들어가 있는 암석에는 은만 있는 게 아니라 납, 아연 등이 섞여 있다. 은을 만들려면 다른 광물들로부터 은을 분리해야 하는데, 로마 시대부터 수은을 사용했다. 잘게 빻은 은광석을 수은과 섞으면, 수은에 은이 녹아서 아말감이라는 합금이 되고, 이것을 가열해 수은을 증발시키면 은이 남는다.

당시 세계 최고의 은광은 볼리비아의 포토시였다. 원주민을 이용해서 은을 채취했는데 이들이 하루 1500명씩 사망해 문제가 되었다. 당시에는 일이 힘들어서 그런 줄 알고 담배, 술, 코카잎을 광산 노동자에게 주면서 일을 시켰는데, 사망 원인은 다른 데 있었다. 아말감을 가열시켜 수은을 증발시키는 과정에서 공기 중에 방출된 수은이 원주민들을 중독시켰던 것이다. 800만 명의 원주민이 광산에서 수은 중독으로 죽어나간 후 은을 만드는 새로운 방법인 파티오 공법이 개발되었다.

파티오 공법은 마당에 은광석을 부어 놓고 수은 등을 뿌린 뒤에 노새를 계속 은광석 위를 달리게 해 은이 수은에 녹아 나오게 하는 방식이다. 수은 중독으로 노새들이 죽어 나갔지만, 원주민이 죽는 일은 줄어들었다.

일본의 은 생산과 수출

한국 동해 쪽에 있는 일본 시마네현에도 세계 최대급의 이와미 은광산이 있었다. 일본에는 제대로 된 은 제련 기술이 없어, 일본 역사서에는 은광석 덩어리를 배에 싣고 조선으로 건너가 제련해 돌아왔다는 기록이 남아 있다. 조선에는 은 제련 기술이 있었다는 것을 알 수 있다.

1503년(연산군 9년) 5월 18일 《연산군일기》를 보면 "양인 김감불과 노비 김검동이 은을 만들어 바쳤다. 납 한 근으로 은 두 돈을 만들 수 있는데, 납은 조선에서 나는 것이니 은을 넉넉하게 쓸 수 있게 되었다"라는 기록이 있다. 연산군 앞에서 이들은 실제로 납으로 은을 만드는 것을 시범까지 보인다.

은을 만드는 방법은 다음과 같았다.

"은이 포함된 광석을 채취한 뒤 구덩이를 파고 뜨거운 불을 피운다. 그 위에 납덩어리를 깔고 은광석을 펼쳐둔다. 불티가 남아 있는 재를 덮고 소나무로 덮는다. 사방에서 부채를 가지고 불을 지피면 불길이 일어나는데, 납이 먼저 녹아내리고 은이 천천히 녹는다. 납이 흘러나와 재에 스며들 때 물을 뿌리면, 먼저 녹은 납은 재에 스며들고, 녹지 않은 은이 응고되면서 납과 분리된다. 다시 재 속에 있는 납에 불을 가하면 재도 사라지고 납만 남는다."

이렇게 납(연)과 은을 분리해서 추출하는 방식이라 '연은 분리법'이라고 부르게 된다. 연은 분리법은 세계 최초로 수은을 쓰지 않고 은을 순도 높게 분리하는 최첨단 기술이었지만, 이 기술의 가치를 조선 사람들은 알지 못했다.

연산군 앞에서 김감불과 김검동이 연은 분리법을 시연한 지 30년 만에 기술이 일본으로 넘어간다. 이와미 광산 기록에는 "1533년 하카타(현 후쿠오카)의 거상 가미야가 조선반도로부터 기술자를 초청해 연은 분리법이 처음 도입했다"고 쓰여 있다.

일본의 거대한 은광산과 당시 세계 최고 수준의 연은 분리법이 합쳐지자 이와미 은광산 한 곳에서 전 세계 은 생산의 3분의 1이 나왔고, 쓰고도 남은 연 200t의 은을 수출해 당시 일본은 세계 2위의 은 수출국이 된다.

16세기에도 일본에서 은을 많이 생산했지만 중국과 일본은 거래하지 않았다. 특히 중국이 일본과의 교역을 엄격하게 제한했다. 중국 정부 입장에서 중국 남쪽 해양 세력이 왜구와 손잡고 반란을 일으키지 않을까 하는 우려가 있었기 때문이다.

전 세계에서 은을 가장 많이 쓰던 나라

네덜란드의 유대인들은 돈 냄새를 맡고 여기에 뛰어들었다. 유대인들은 일본에서 은과 구리를 사서, 중국에서 은을 비단과 금으로 바꾸고, 인도로 가서 구리를 팔아 후추를 샀다. 중국에서 산 비단은 일본에 가져와 다시 은을 구입하는 데 사용하고, 금과 후추는 유럽으로 가져가서 비싼 가격에 팔았다. 일본-중국-인도-일본-유럽 순으로 네덜란드의 무역선이 한 바퀴를 돌면 막대한 무역 수입이 생기는 구조였다.

당시 유럽은 금과 은의 가치가 12 대 1 정도였다. 중국은 은본위제도 국가라 은의 가치를 상대적으로 더 쳐줘서 6 대 1 정도로 은과 금의 교환 비율이 좋았다. 은을 싣고 중국에 가서 금으로 바꿔 돌아오면 2배가 남고, '인도, 일본'을 경유해 구리, 비단, 후추를 사고팔면 수익은 더 커졌다.

당시 네덜란드 유대인들의 해외무역 경쟁국인 영국은 선교사가 문제였다. 영국이 가져오는 물건은 좋은데, 선교사들이 따라 들어와 기독교를 퍼트리는 행위를 중국 정부 입장에서 정권 유지에 악영향을 미친다고 본 것이다. 유대교는 유대인들만 믿는 민족 종교라서 타 민족에 전도를 하지 않아, 중국 입장에서는 종교 전파 없이 장사만 하는 네덜란드가 무역 상대로 편했다.

네덜란드 유대인들은 기독교 나라의 유대인 견제를 해외무역으로 뚫는 데 성공하며 승승장구했고, 은은 중국으로 계속 건너가게 된다.

중국은 노란색은 황제의 색깔이라 황금은 황제만 쓸 수 있다고 여겨 금본위제가 아니라 은본위제를 채택한 나라였다. 은행銀行이라는 말이 중국에서 나왔을 정도로 전 세계에서 은을 가장 많이 쓰던 나라가 중국이었다.

1932년 11월, 미국 대선에서 민주당의 프랭클린 루스벨트Franklin Roosevelt가 대통령에 당선된다. 1934년 루스벨트가 중국 통화 안정화 계획을 발표했다. 정부가 은을 사들이겠다는 게 주요 내용이었다. 정부가 은을 대량으로 구입하자 은 가격이 올랐고, 3년간

300% 이상 은 가격이 상승하게 된다.

중국의 은이 은값이 비싼 미국으로 유출되자, 중국 내 은이 부족해지면서 결국 중국은 은본위제를 포기하며 화폐로서 은의 가치가 끝난다. 이후 은은 화폐나 귀금속이 아니라 산업용 금속으로 쓰였다. 기원전 3200년부터 중국이 은본위제를 포기한 시기까지 금과 10 대 1을 유지하던 은의 가치가 83 대 1까지 하락한 이유다.

은값에 영향을 미치는 요소들

은은 금속 원소 중에 전기 전도율이 가장 높다. 가격이 워낙 비싸서 은을 쓰지 못하고 구리를 써 왔다. 하지만 통신망이 초고속으로 가고, 자율주행, 인공지능 등 가격보다 성능을 우선시하는 부문에서 은의 수요가 늘어나기 시작했다. 테슬라의 전기차 1대에도 모델에 따라 은이 25~50g이 들어가고, 고사양 태양광 패널 한 장에도 은 20g이 들어간다.

해가 갈수록 은의 수요 공급의 격차가 벌어지고 있어 은이 부족한 상황이다. 현재 은 매장량을 기준으로 지금의 생산량을 유지하면 20년 정도면 채산성 있는 광산이 사라져 공급량을 늘리는 것도 쉽지 않다.

투자 측면에서 금과 은은 미국 국채와 경쟁 관계다. 미국 국채 금리가 올라가면 금과 은의 가치가 떨어지고, 국채 금리가 낮아지면 금과 은의 가치가 올라가는 패턴을 보인다. 그래서 신문기사에서 은 가격이 오르는 이유를 '미국 국채 금리가 떨어져서 그렇다'고 설명하는 것이다.

워런 버핏은 금 투자를 혐오하는 사람이다. 2011년 정기 주주 총회에서 "금은 효용가치가 없다"고 말하기까지 했다. 이런 워런 버핏도 은은 엄청나게 사들이곤 했다. 워런 버핏은 사들였던 은을 3배 이익을 얻고 팔았지만 은을 버린 것은 아니다. 은에 직접 투자를 하는 대신에 은을 많이 보유한 곳에 간접 투자를 했기 때문이다.

그는 미국 최대 투자은행 JP모건에 투자했다. JP모건은 10년간 은을 계속 매집해서 전 세계 창고에 보관 중인 은의 40% 정도를 가지고 있다. JP모건이 은을 매집하는 이유는 확인된 바 없지만, 은 실물에 기반한 암호화폐 프로젝트를 추진하고 있다는 이야기가 돌기도 했다.

대체투자Alternative Investment자산이라는 말이 있다. 전통적 투자 자산과 다른 움직임을 보이면서 투자자의 포트폴리오상 위험을 막아주는 자산이라는 측면에서 대체투자자산이라고 부른다. 이 대체투자자산의 대표격이 '원자재'인데, 원자재로서 활용도는 금보다 은이 나은 것이다.

미 연준은 2018년 3월, 6월, 9월 세 차례 기준금리 인상을 하면서 이머징(신흥국) 시장을 거의 궤멸 직전까지 몰고 갔다. 미국의 금리 인상으로 달러가 강해지면서 아르헨티나, 터키, 브라질 등이 크게 흔들렸다. 2018년 10월 초, '이 정도면 이제 기준 금리 인상을 마무리할 때가 된 것이 아닌가' 하며 기대를 하는 금융시장에 파월 미 연준 의장은 쐐기골을 박아버렸다.

"미 연준이 생각하는 기준금리 목표치까지는 아직 멀었다."

파월의 이 발언은 2018년 12월 연방공개시장위원회FOMC뿐만 아니라 2019년까지도 금리 인상이 계속 이어질 것이라는 암시처럼 보였다.

그러나 2018년 10월부터 미국 주식시장이 제대로 무너지자 2019년 1월 파월은 톤을 바꾼다. 파월은 '기준금리를 동결하고, 앞으로 금리 결정에 인내심을 보이겠다'며 한발 물러섰고, 2019년 7월이 되자 기준금리를 인하하기 시작했다. 이때부터 2020년까지 은 가격은 상승 추세로 돌아섰다.

> ▌**메르의 인사이트**
>
> 금리 상승을 멈추고 하락을 기대하는 시점에 은 가격이 많이 올랐고, 은 선물은 그보다 빠르게 반응한 역사를 참고하자.

07
부동산 PF 구조를 알면
부동산 시장이 보인다

아파트를 만드는 과정은 땅을 구입하는 것부터 시작한다. 부동산 개발업자, 부동산 디벨로퍼라고도 부르는 부동산 시행사는 아파트를 올릴 땅을 사서 인허가를 받고, 건설사를 선정한 후 금융사를 모아 공사비를 마련한다. 시행사는 아파트가 완공되면 이익을 가져가는 식으로 일을 진행한다. 따라서 시행사가 돈을 벌려면, 땅을 싸게 사고 공사비와 이자를 조금만 지불한 뒤 비싼 분양가에 팔아야 하는 것이다.

시행사 입장에서 처음 큰돈이 들어가는 단계는 지주에게서 땅을 사는 단계다. 시행사는 지주에게 계약금을 주고 땅을 사들이거나, 이 정도 가격을 내면 시행사에 땅을 팔겠다는 땅 주인의 약정서를 모은다. 매매 계약서나 약정서가 90% 이상 모이면, 시행사는 이것을 근거로 대출을 신청하는데, 이 대출을 험한 본 프로젝트 파이낸싱PF으로 가기 위한 다리가 되는 대출이라는 의미로 브리지론 Bridge Loan이라고 부른다.

아직 시행사에 땅 소유권이 넘어온 것이 아니라서 은행처럼 안전한 대출을 하는 회사는 브리지론에 참여하지는 않고, 2금융권인 캐피털사, 저축은행, 증권사, 새마을금고 등이 금리를 높게 받고 브리지론을 해준다. 브리지론으로 지주에게 잔금을 치러서 땅을 온전히 넘겨받아 인허가를 받고, 아파트 건설을 해주는 건설사도 선정되어 아파트를 올릴 수 있는 여건이 완료되면 시행사는 본 PF를 신청한다.

본 PF에는 은행 등이 참여하고, 대출금액도 전체 공사비에 포함되어 커진다. 본 PF에 참여하는 금융기관 입장에서는 '건설사에 문제가 있어서 준공이 안 될 위험과 미분양 위험, 시행사가 본 PF 대출금이나 분양대금 등을 마음대로 떼먹고 나르는 위험' 정도가 남는다.

그래서 금융기관에서는 이러한 위험을 대비해 여러 대비책을 세운다. 만약 건설사에 문제가 생기더라도 대신 다른 건설사에서 공사를 완공할 수 있도록 구조를 짜고, 건설사에는 공사가 진척되는 속도에 맞춰 대금을 조금씩 지급한다.

건설사가 마음대로 준공을 미루지 못하도록 준공을 일정 시간 내 못하면 PF 대출금 전체를 건설사가 인수하게 해 준공을 책임지는 계약을 체결한다.

또 본 PF 대출금이나 분양 대금을 시행사가 마음대로 하는 것을 막기 위해, 해당 공사만을 위한 페이퍼 컴퍼니SPC·Special Purpose Company를 만들어 돈을 SPC 명의의 신탁계좌에 넣고, 주간사라고 부르는 금융회사가 그 돈의 입출금을 관리하며 금전 사고를 방지한다.

마지막 남은 위험 하나가 '미분양 위험'이다. 금융회사는 분양 대금을 받아서 대출금을 상환받는 순서를 선순위, 중순위, 후순위로 나누고, 후순위로 갈수록 위험이 높아지므로 대출 금리도 높게 받는다.

주로 은행이 들어가는 선순위는 분양이 50%만 되더라도 분양받는 자들이 내는 잔금으로 대출금 전액 상환이 가능하고, 2순위는 60%, 3순위는 70% 이상 분양이 되어야 분양대금으로 전액 상환이 가능한 구조다. 이렇게 금융회사들은 위험을 여러 방법으로 회피하는 구조를 짠 뒤에 본 PF 대출을 해주는 것이다.

PF발 도미노 파산의 공포

미국의 금리 인상으로 한국도 금리를 따라 올리면서 이렇게 잘 세운 구조에도 문제가 생겼다. 총분양가 1조 원짜리 본 PF의 경우 땅값 2,000억 원, 공사비 등 건설 비용 5,000억 원, 분양대금으로 대출금을 상환받을 때까지 대출이자 1,000억 원, 인허가 비용, 분양 촉진 비용 등 기타 제반 비용 1,000억 원, 시행사 마진 1,000억 정도로 구성되어 있다.

시행사는 초기부터 다양한 고생을 하지만, 부동산 PF가 잘 진행되고 분양이 마무리되면 자기 돈 30~50억 원을 넣어서 1,000억 원 정도 가져가는 장사를 한다. 초기에 분양이 완판되어 분양 촉진비가 들어갈 필요가 없는 경우에는 2,000억 원까지도 가져갈 수 있다. 시행사들이 떼돈을 버는 시기다.

시중금리가 올라서 본 PF의 대출이자가 4%에서 10%로 올랐다고 가정해보자. 대출이자가 올랐다고 분양가를 중간에 올릴 수 없으니 분양으로 들어오는 분양대금 1조 원은 변함이 없다. 반면 지출인 대출이자는 1,000억 원에서 2,500억 원으로 늘어나 시행사는 1,000억 원의 마진을 챙기는 게 아니라 500억 원의 적자를 봐야 한다.

분양대금으로 이익이 나지 않는 이런 구조가 예상되면 금융회사는 본 PF에 참여하지 않으려 한다. 시행사의 적극적인 협조가 중요한데, 사업에서 적자가 예상되면 시행사에서 트집을 잡아 조금이라도 손해를 줄이고 이익을 가져가려고 할 것이 뻔하기 때문이다.

금융회사가 참여하지 않아서 본 PF가 진행되지 않으면 브리지론이 문제가 된다. 브리지론은 보통 6개월에서 길어야 1년짜리 고금리 대출이다. 브리지론의 담보라고 해봐야 브리지론으로 구입하는 땅 정도인데, 인허가 비용, 본 PF로 갈 때까지의 금융비 등이 추가로 든 상태라, 일반적으로 담보만으로 금융기관이 빌려준 돈을 다 받을 수 없는 상태다.

이런 상태에서 본 PF가 되지 않고 시간이 지체되면 돈이 많은 시행사는 자기 돈을 토해내며 버티고, 돈이 적은 시행사는 브리지론 이자를 낼 돈이 없어 부도가 난다. 브리지론을 대출해준 증권사, 저축은행, 여신전문금융회사 등 제2금융권 회사들은 이때부터 손실이 시작되는 것이다.

본 PF도 구조를 잘 짜놨다고 하더라도 위험이 없는 것은 아니다. 일단 건설사가 준공만 해주면, 분양이 되지 않았다고 하더라도 아파트가 남는다. 금융회사는 분양이 되지 않은 아파트를 싸게 팔거나 미분양 아파트를 담보로 대출받아서 상환받을 수 있는데, 준공이 되지 않으면 돈을 받을 방법이 없다.

건설 기자재 가격이 빠르게 올라가면, 1~2년 전에 도급 계약을 맺었을 때보다 건설 원가가 많이 올라간다. 건설사도 적자 건설이 늘어나는 것이다. 재무가 괜찮은 대형 건설사는 괜찮을지 몰라도, 중소형 건설사의 경우 늘어난 자재비와 인건비를 감당할 수 없어 부도 위험에 처한다.

부동산 PF 구조를 잘 짜서 아파트 공사가 진행되는 단계에 맞춰서 건설대금을 나눠서 줬다고 하더라도, 기존 건설사가 부도가 나서 다른 건설사를 구하려면 자재비나 인건비 등 공사비를 많이 올려줘야 건설을 마무리 지을 수 있다. 결국 건설사에 문제가 생기면, 시행사 이익부터 줄어들고, 후순위, 중순위, 선순위 순서로 원금 손실이 시작된다.

본 PF 구성이 잘 안 되면 브리지론을 해준 금융회사의 속이 타들어 가는 상태가 된다. 브리지론을 해주는 금융회사가 손실을 보면 브리지론 기준을 강화하거나 금리를 크게 높이고, 브리지론을 받기 위해 지주의 계약서를 모으고 있는 시행사 역시 속이 타들어가기 시작한다. 브리지론을 주로 해준 금융회사, 후순위 대출이 많은 금융회사가 모두 해당되는 게 증권사들이다.

특히 증권사들은 이 자금을 3~6개월짜리 자산유동화기업어음 ABCP이나 전자단기사채(전단채)로 조달을 한 경우가 대부분이다. 3~6개월마다 만기가 돌아온다는 것이고, 증권사에게서 ABCP나

전단채를 구입한 개인과 기업은 기간을 연장해주지 않거나 금리를 크게 높인다. 부동산 시장에 미분양이 많아지면서 가격이 하락하고 시중금리가 올라가면, 시중에 중소형 건설사와 증권사 위기설이 도는 이유다.

◢ 메르의 인사이트

부동산 PF는 연관된 건설사와 금융회사가 많은 영역이다. 부실이 전이될 가능성이 높은 중소형 건설사, 증권사, 저축은행, 캐피탈사, 새마을금고에 대한 투자를 2024년까지 조심하자고 하는 배경이다.

08
채권 투자가
주식보다 안전하다는 미신

투자자 입장에서 채권은 주식보다 시시해 보일 수 있다. 주식은 하루에 몇십 %씩 오르락내리락하는데, 채권은 1%도 안 되는 정도가 오르내려도 호들갑을 떨기 때문이다. 하지만 채권의 속성을 알면 주식보다 더 무서운 판이라는 것을 알게 된다.

채권은 돈을 빌려준 채무 증서다. 차용증과 비슷한데 다른 점은 돈 받을 권리를 쉽게 사고팔 수 있다는 점이다. 문제는 사고파는 가격이다.

1,000만 원, 2% 이자율, 1년 뒤에 이자를 원금과 함께 주는 채권을 샀다고 가정해보자. 1년이 지나 채권 만기가 되면 원금 1,000만

원과 이자 20만 원을 한꺼번에 받을 것이다. 그래서 6개월 시점에 돈이 필요해서 이 채권을 팔아야 하는 일이 생기더라도, 6개월만 더 참으면 원금 1,000만 원과 이자 20만 원을 받을 수 있으므로 1,000만 원만 받고 팔지는 않을 것이다.

채권을 사는 입장에서도 앞으로 6개월만 버티면 1년 치 이자 20만 원을 받을 수 있으니, 사는 사람과 파는 사람은 원금 1,000만 원과 6개월 치 이자 10만 원을 합쳐서 1,010만 원 정도에 사고파는 게 합리적인 거래라고 생각할 것이다.

그런데 중간에 시장 금리가 바뀌면 계산이 달라진다. 만약 6개월 전에는 신규 채권 발행금리가 2%였는데, 지금은 금리가 올라서 10%가 되었다고 가정해보자. 채권을 사는 사람 입장에서 지금 신규 채권을 사면 10%를 주는데, 2%밖에 이자를 주지 않는 기존 채권은 가치가 떨어지는 것이다.

신규 채권 금리가 연 10%라면, 6개월만 지나면 5% 이자가 붙어서 1,000만 원 원금에 50만 원의 이자를 받을 수 있다. 기존 2% 이자를 주는 채권은 6개월 뒤에 10만 원의 이자밖에 받지 못하기 때문에, 10%짜리 신규 채권보다 40만 원의 이자가 적게 나오니, 서로 손해 보지 않고 2%짜리 기존 채권을 사고팔려면 1,000만 원짜리 채권을 960만 원 정도에 사고팔아야 한다.

이처럼 시장 금리가 올라가면 기존 채권의 가격이 떨어지고, 시장 금리가 내려가면 기존 채권의 가격이 올라간다.

만약 이 채권이 1년짜리가 아니라 10년, 20년, 30년짜리라고 생각해보자. 시장 금리가 올라가면 기존 낮은 금리의 채권을 가지고 있는 사람은 1년 치 이자가 아니라 10년, 20년, 30년 치 이자를 손해 보게 된다. 장기 채권을 가지고 있는 사람들은 시장 금리가 조금만 올라가도 손실 규모가 매우 커지는 것이다.

반대로 시장 금리가 내려가면, 장기 채권을 가지고 있는 사람은 막대한 평가 이익을 가져가게 된다. 한국에서 장기 채권을 가장 많이 가지고 있는 곳은 보험사다. 고객이 보험료를 1년만 내는 게 아니라 몇십 년씩 내고, 고객이 납입한 보험료를 장기로 굴려야 되기 때문이다.

보험사들이 채권을 많이 가지고 있는데, 미국이 금리를 계속 올리니 손실도 빠르게 늘어나고 있을 것이다. 한국은행의 분석에 의하면, 시장 금리 0.5%p가 오르면 보험사 채권 손실이 10조 원 가까이 늘어난다고 한다.

채권을 많이 가지고 있는 국가의 문제

채권을 많이 가지고 있는 국가도 문제다. 현재 미국 국채를 가장 많이 가지고 있는 나라는 중국과 일본이다. 중국은 미국 국채를 내다 팔고 있고, 일본은 미국에 계속 금리를 올리면 우리도 더 이상 미국 국채를 사줄 수 없다고 항의하고 있다. 미국 국채 가치가 계속 떨어지면서 구매자가 줄어들자, 중국과 일본에서 미국 국채를 소화시키기 위해 미 연준에 금리 올리는 속도를 조절하라고 압력을 가하고 있다.

미국 국채를 많이 보유하는 해외 연기금들도 마찬가지다. 이들이 국채 평가 손실로 문제가 생기는 모습을 영국에서 볼 수 있다.

2022년 9월 6일, 새로 취임한 리즈 트러스Liz Truss 영국 총리는 소득세 인하 등 450억 파운드(약 74조 원, 2023년 7월 15일 기준)의 감세안을 밀어붙였다. 감세로 들어오는 세금이 줄어들면 영국 정부의 재정적자가 감당하지 못할 수준으로 올라갈 것이라는 전망이 우세하면서 파운드화의 가치가 폭락했다.

파운드화의 가치 하락은 영국 국채 금리를 자극했고, 영국 국채 금리가 크게 올랐다. 영국 국채 3년 물이, 2021년 말 -0.156%에서 2022년 10월 2일 4.398%까지 오른 것이다.

영국 국채 금리가 올랐다는 것은 영국 국채 가치가 떨어져 국채를 가지고 있는 사람들은 손해를 봤다는 의미다. 지금 영국 국채를 새로 사면 4% 이상 이자 주는 것을 살 수 있는데, 기존 1%도 안 되는 국채를 가지고 있는 사람은 앉아서 커다란 평가손실을 보는 구조다.

이 국채가 1년이나 3년이 아니라 30년짜리 국채라면, 30년간 3.8% 이자를 주는 신규 채권이 나오고 있어 1%도 안 되는 이자를 30년간 준다는 기존 채권을 가지고 있는 사람들의 평가 손실은 매우 클 것이다.

주로 이런 장기 채권을 사서 보유하는 곳은 연금을 크게 운용하는 국가 펀드와 보험사 같은 곳이다. 영국 장기 국채를 많이 보유한 곳의 평가손실이 엄청나다는 말이다. 여기에 레버리지(기업이 차입금 등 타인의 자본을 지렛대처럼 이용해 자기 자본 이익률을 높이는 것)를 일으켜 투자금의 4배까지 국채를 사들인 영국 연기금은 담보 가치가 반 토막이 난 상태라 추가증거금을 납부하라는 마진 콜Margin Call을 받기까지 했다. 취임한 지 44일 만에 영국 총리가 물러난 사태의 배경이다.

채권 투자는 결코 안전한 투자가 아니다. 하지만 금리 상승이 끝나고 하락하는 시기가 되면, 다시 채권 가치가 올라갈 것이다. 채권 투자의 시기가 다가오고 있다.

◤메르의 인사이트

금리가 상승을 멈추고 하락이 예상될 때 채권 투자의 적기가 온다. 미 연준의 추가 금리 인상이 한계에 다다른 것 같은 시점에서 장기 채권은 매력적인 투자처가 될 수 있다.

4장

경제 원리에 숨겨진 부와 투자의 비밀 : 심화편

01
기후변화가 가져오는
투자 기회

동에서 서쪽으로 부는 무역풍이라는 바람이 있다. 지구가 서쪽에서 동쪽으로 회전하기 때문에 저위도 지방에서 바람이 동에서 서쪽으로 불고, 무역풍은 일부분의 태평양 바닷물을 동쪽에서 서쪽으로 밀게 된다.

태평양 중앙부에는 따뜻한 해류가 있다. 무역풍이 태평양 중앙부의 따뜻한 바닷물을 서쪽으로 밀면, 바람이 바닷물을 미는 과정에서 온도가 낮은 바다 바닥의 해수가 위로 올라오고, 이때 바닥에 깔려 있던 영양분이 따라 올라와 풍부한 어장이 형성된다.

인도네시아의 바닷물 높이가 남미 쪽보다 0.5m 정도 높은 이유도 무역풍이 바닷물을 서쪽으로 밀어서 그렇다. 알 수 없는 이유로 무역풍이 약해질 때가 있다. 이때는 무역풍이 바닷물을 미는 힘이 약하다 보니, 온도가 낮은 바다 바닥 해수가 적게 올라와서 수온이 올라가는 것이다.

에콰도르의 어부들이 크리스마스 시즌이 되면 몇 년에 한 번 어획량이 감소하는 패턴이 반복하는 것을 발견했다. 어민들은 이것을 아기 예수가 주는 크리스마스 휴가라고 여기며 엘니뇨(아기 예수)라고 불렀다.

엘니뇨가 오면 바람이 바닷물을 미는 정도가 약해져서 해수 표면에 바다 바닥에 깔려 있던 영양분이 적게 올라오고, 바다 위쪽에 영양분이 적으니 고기들이 바다 표면으로 올라오지 않아 에콰도르의 어획량이 감소하는 것이다.

태평양 중앙부가 0.5도 이상 올라가는 상태가 5개월 이상 계속되면 그 첫 달을 엘니뇨의 시작이라고 하는데, 한 번씩 훨씬 높게 온도가 올라가는 경우가 있다. 태평양 중앙부 해류가 2도 이상 올라가는 게 3개월 이상 유지되면 '슈퍼 엘니뇨'라고 부른다. 가장 최근에 발생한 것은 2015~2016년이었다.

당시 한국은 따뜻한 겨울을 보냈다. 2015년 12월의 한국 평균 기온은 기상 관측이 시작된 이후 가장 높았고, 북미 지역도 마찬가지였다. 미국 뉴욕시는 2015년 크리스마스 휴가 때 시민들이 반팔을 입고 조깅하는 정도였고, 한국도 12월에 얼음이 얼지 않아 강원도 인제의 빙어축제가 취소되고 백화점 겨울철 의류 매출이 급감했다.

기상청에서는 엘니뇨 감시구역(남위 5도~북위 5도, 서경 120~170도 사이 해역)의 바닷물 온도가 0.5도 이상인 상태로 5개월 이상 지속되면 엘니뇨가 발생한다고 발표했다. 2015년의 엘니뇨는 감시구역의 바닷물 온도를 평년보다 2도까지 끌어올려 슈퍼 엘니뇨로 인정받았다. 엘니뇨 자체는 16세기부터 확인되던 일반적인 기상 변동이지만, 슈퍼 엘니뇨는 최근 100년간 3회 발생했다. 1982년, 1997년과 2015년에 슈퍼 엘니뇨가 발생했고, 2023년에도 엘니뇨가 발생할 가능성이 크다.

미국해양대기청NOAA의 발표에 따르면, 2023년 5월 지구 해수면 온도가 21.1도로 100년 중 가장 높은 온도가 나왔다고 한다. 해수면 온도 상승은 인도, 파키스탄뿐만 아니라 태국, 라오스, 미얀마 등 동남아 전역에 폭염을 일으켰던 경우가 많다.

2023년 4월 태국 서부는 45.4℃를 기록하며 태국 기상청이 기온을 측정한 이후 최고 기온을 기록했고, 미얀마 북서부 칼레와는 44℃, 라오스 루앙 프라방은 42.7℃를 기록했다. 인도의 경우 44.6℃까지 온도가 올라가며 뭄바이에서 열린 야외 행사에서 폭염으로 11명이 사망했고, 방글라데시 수도 다카 역시 40℃를 넘어 도로 아스팔트가 녹아내렸다.

폭염이 심하면, 냉방을 위한 에너지 수요가 빠르게 늘어나며 에너지 가격을 자극하고, 식량 중에서도 특히 밀이 문제가 된다. 인도를 포함한 동남아 지역의 밀 수확 시기가 보통 6월이다. 수확 직전 시기인 4~5월의 기상 상황이 중요한데, 4~5월에 폭염이 이어지면 밀 작황이 크게 떨어진다. 이런 이상기후로 곡물가격이 오르면 보통 6개월 정도 후행해 인플레이션에 영향을 미친다.

슈퍼 엘니뇨 기간에는 태풍도 강해진다. 엘니뇨라서 태풍이 더 많이 오는 것은 아니지만, 높은 수온에서 힘을 축적한 강한 태풍이 한반도에 들이닥칠 가능성이 커지는 것이다.

지구의 탄소 농도가 계속 올라가면

엘니뇨 자체는 오래전부터 있었던 기상 현상이고, 올해 여름이 덥겠구나 정도에서 그치면 투자를 잘할 수 없다. 기상이변이 심해지면 그린택소노미Green Taxonomy가 강화된다. 이런 여파를 염두에 둘 필요가 있다. 그린택소노미는 녹색과 분류 체계의 합성어로 어떤 에너지원이 친환경인지 아닌지를 결정하는 기준이 된다. 이것은 환경적으로 지속 가능한 경제 활동의 범위를 정하는 것이기에 단순한 환경 선언이 아니라, 수출 경쟁력과도 연관이 있는 중요한 기준이다.

현대자동차는 자동차를 EU로 수출할 때 그린택소노미에 들어가지 않는 석탄 발전으로 만든 전기로 자동차를 만들어 탄소세를 내야 한다. 탄소세를 내지 않은 태양광, 풍력 등 신재생 에너지원을 이용해 만든 자동차보다 경쟁력이 떨어지는 것이다.

그린택소노미가 강화되면 그린워싱Greenwashing도 이슈가 될 것이다. 그린워싱은 친환경이 아닌데 친환경으로 눈속임을 하는 것을 말한다. 야자유를 연료로 쓰는 것을 친환경으로 분류하자는 주장도 있었지만, 그린워싱으로 분류되어 친환경에 포함되지 못했다. 야자유를 만들기 위해 탄소를 저장하고 있는 우거진 삼림을 벌채하고 야자나무 농장을 만드는 것이 그린워싱이라는 시각 때문이다.

이 모든 이슈는 '탄소가 지구온난화를 일으킨다'는 판단에서 시작되었다. 그 판단에는 여러 가지 학술적인 반론이 있기는 하다. 지금까지 과학은 귀납법으로 발전되어 왔다. 귀납법의 특징은 실험과 분석을 통해서 참과 거짓을 확인하는 검증 과정을 충분하게 거친 후, 수많은 검증 과정에서도 동일한 결론이 나올 때 우리가 참이라고 믿는 과학 법칙이 확립되는 것이다.

하지만 지구온난화는 귀납법으로 결론을 내기 힘들다. 지구의 나이가 46억 년이라고 알려져 있고, 인류가 출현한 것은 4만 년 전이며, 인간이 기온을 실측하고 기록한 지는 100년 정도에 불과하기 때문이다.

다만, 나사$_{NASA}$ 등을 비롯한 여러 기관에서 조사한 결과를 보면 '지구의 전체적인 탄소 농도가 계속 올라가고 있다'는 것만은 기정 사실로 봐야 할 듯하다. 탄소 농도가 산업화 이전에는 280ppm이 었는데, 미국 해양 대기청 분석을 보면 현재는 417ppm까지 올라오고 있다. 학자들은 "이산화탄소 농도가 450ppm을 넘어가면 기상 이변이 심해지고, 500ppm을 넘기면 빙하가 사라지고 농작물 생산이 절반 이하로 줄어드는 등 대재앙이 시작된다"고 이야기한다.

현재 탄소 농도가 늘어나는 속도가 매년 2.5~3ppm 수준이니, 450ppm을 마지노선으로 보는 쪽에서는 10년밖에 시간이 없어 급하다는 주장이고, 500ppm을 마지노선으로 보는 쪽에서는 30년 정도 남았으니 천천히 준비하면 된다고 말한다. 보통 이렇게 주장이 나누어지는 경우 둘 사이 중간 어디쯤에 진실이 있는 경우가 많다.

메르의 인사이트

엘니뇨로 '곡물 가격이 상승할 수 있다'는 생각을 1차적으로 할 수 있다. 하지만 이 것을 기상이변으로 인식해서 그린택소노미와 같은 기상이변 대응책이 보다 빠르고 강력해질 수 있다. 세상은 연결되어 있다. 몇 단계를 걸쳐서 생각을 확장하는 연습이 투자 역량을 높일 수 있다.

02
신재생에너지의 한계와 미래

미국 콜로라도주 알라모사카운티에 두꺼운 먹구름이 하늘을 뒤덮으면 태양광 농장에서 카운티로 공급되던 전력 생산량이 빠르게 떨어진다. 컬럼비아강 협곡 지역에서 바람이 갑자기 멈추고 바람이 몇 주간 불지 않으면, 협곡의 풍력 농장 모두가 전력 생산이 '0'이 되며 멈춰 서는 것이다.

반대의 경우도 발생한다. 갑작스러운 폭풍이 불면 풍력 터빈이 전속력으로 돌아 전력이 흘러넘친다. 유일한 대응 방안은 풍력 터빈을 꺼버리고 폭풍이 물러날 때까지 기다리는 것이다.

컬럼비아 협곡에서 풍력 재생에너지 발전사업을 하는 기업은 발전을 해 수익을 낸다. 컬럼비아 협곡에서 터빈을 운용하면서 받는 연방 보조금은 터빈이 멈출 때 환수되기 때문에 터빈을 끄는 일은 현실적으로 어렵다. 그래서 '우리는 일단 발전되는 대로 발전할 테니, 버리고 말고는 받는 쪽에서 알아서 하라'가 발전 회사들의 기본정책이 되었다.

바람이 불지 않거나 짙은 구름이 껴 태양광 발전이 안 될 때 다른 발전소를 가동하면 되지 않느냐는 생각이 들 수도 있다. 수력화력발전소는 1분, 천연가스발전소는 10분, 석탄화력발전소는 4시간, 원전은 24시간 정도 가동해야 최대 출력까지 올릴 수 있다. 하지만 전기의 관점에서 5분도 무한히 긴 시간이다. 0.1초라도 전기가 끊기면 기계는 멈추는 것이다.

아직 미국은 대규모 전력 저장소가 거의 없고 매일 사용하는 전력을 항상 새로 만들고 있어, 태양광과 풍력 같은 변화가 심한 신재생에너지의 비중이 늘어날수록 과소하거나 과다한 발전에 대한 대응이 힘든 상태다.

앞서 걱정은 일부 비관론자들의 막연한 우려가 아니다. 워싱턴 D.C.에서 전력과 관련된 사안을 토의하는 그리드 위크Grid Week가 개최되었고, 노벨물리학상 수상자이자 미국 에너지부 장관인 스티븐 추Steven Chu가 한 기조연설 내용이기도 하다.

한국과 중국의 에너지 저장 시스템

한국도 상황이 비슷하다. 한국에서 신재생에너지 비중이 가장 높은 곳은 제주도다. 풍력과 태양광 발전을 많이 깔아 한국 평균의 3배가 넘는 18%까지 재생에너지 비중이 올라갔다. 제주도는 이런 남는 재생에너지를 버리고 있다. 2020년에 77회(19GWh) 가동을 멈춰 에너지를 버렸고, 2022년에 132회(30GWh)를 버렸다.

2030년에 목표한 재생에너지 비중 30%가 되면 1년에 절반쯤은 가동을 멈춰서 전체 재생에너지의 40% 정도를 버려야 한다는 계산이 나왔다. 전기를 보관하는 기능이 없어서다. 신재생에너지 비중이 올라가면 올라갈수록 특별한 대책이 없으면 이런 일들이 빈번하게 일어날 것이다.

한국은 북위 33~43도의 단일 기후 대에 국토 면적이 좁다. 날씨에 따른 발전 위험을 분산시키기 힘들어 전력 안정성이 낮다는 말이다. 전력 안정성을 높이려면 에너지 저장 시스템ESS·Energy Storage System을 엄청난 규모로 설치해서 전기가 남을 때 저장했다가 모자랄 때 공급하는 일종의 초대용량 보조배터리 기능을 하도록 해야 한다. 중국과 미국은 ESS 확대를 다른 방향으로 추진했다.

중국은 190조 원을 투자해서 2030년까지 신재생 발전시설 인근에 리튬이온 배터리를 대량으로 묶어 전기를 보관하는 전기저수지를 만들겠다고 발표했다. 비가 올 때 물을 모아 두었다가 가뭄이 들면 그 물을 쓰는 저수지 개념을 차용한 것이다.

중국은 과학기술부 장관 격인 완강萬鋼이 정부 주도의 전기자동차 영역을 맡아 필요한 전기를 전기저수지에서 활용하겠다는 전략을 세웠다. 완강은 문화대혁명(1966~1976년) 때 지방으로 쫓겨나 경운기 등 농업기계를 분해하고 조립하면서 시간을 보냈다. 문화대혁명이 끝난 후 대학에 진학했고 이후 독일에서 공학박사 학위를 받고, 아우디에서 일하다가 2000년 초 중국으로 복귀했다. 그는 정부 주도의 전기자동차 개발 계획의 책임자이자 과학기술협회 주석이 되었다.

완강의 계획은 2025년부터 중국에서 팔리는 자동차의 20% 이상을 전기, 수소 등 신에너지 자동차로 채우는 것이다. 전기자동차 비중을 높여서 대기오염 수준을 낮추고, 석유 의존도를 줄여서 에너지 안보를 높이는 것이 목표다.

중국 베이징, 상하이 등 중심지에서는 주민이 추첨으로 오직 차 한 대만 소유할 수 있다. 베이징에서는 승용차 추첨의 당첨 확률이 907 대 1이며, 당첨이 되어도 자동차 가격 외에 1만 3,000달러의 자동차 등록 수수료를 내야 한다. 반면 전기차는 추첨 없이 구매할 수 있고, 등록 수수료까지 면제해주는 예외를 두어 전기차를 구매하도록 유도하고 있다.

중국은 신재생에너지와 원전에서 나오는 전기를 앞으로 늘어날 전기차에 공급할 계획이다. 엄청난 속도로 원전을 증설하고 있다. 중국원자력산업협회CNEA에 따르면 2022년 12월 말 기준 중국에서 가동 중인 원자로는 55기이며, 2023년 7월 현재 건설 중인 원자로가 23기이고, 이외에도 40기의 원자로가 2025년까지 추가로 증설되어 100기 이상의 원자로가 깔릴 예정이다. 이처럼 중국은 전기차가 확대되는 미래를 대비하고 있다.

미국의 전기 저장 시스템과 테슬라

미국의 전기 저장법은 중국과 방향이 다르다. 주택용 ESS 상용화 쪽에 비중을 높이고 있다. 주택용 ESS는 각 가정에 비상시 사용할 전력을 확보해 놓는 것으로 원래 목적은 지진, 허리케인 등 재해에 대비한 에너지 공급망 구축이다. 주택 단위로 전력을 확보해 놓으면 인근 주택간 전력을 공유할 수 있고 재난 시에도 도움이 된다. 점점 차종을 전기차로 바꾸면 현재 사용하는 전기 외에도 전기가 더 많이 필요해질 것이다.

현재 운행하는 차들이 모두 전기차로 바뀐다고 가정하면, 전기차가 연간 소비하는 전력이 9000TWh(테라와트시) 정도가 된다.

2020년 기준 전 세계가 연간 생산하는 전기에너지가 25000TWh인 것을 감안하면 전기차 공급이 확대될수록 전기가 추가로 필요하다. 버리는 태양광, 풍력, 원자력 등의 에너지를 저장하는 인프라를 만들고, 수소로 바꿔서 저장하는 방법 등 대안이 필요하다.

신재생에너지 투자를 검토한다면, 풍력발전기 제조사나 태양광 패널 공급사만 보면 안 된다. 대규모 전력 저장 장치, 전국 범위의 초고압 직류/교류 송전선을 보강하기 위한 설비, 전기자동차의 충전 시설, 다양한 전력의 통합관리 시스템과 같은 시장이 열리는 것이다.

이런 일에 테슬라가 빠질 리가 없다. 테슬라는 에너지 거래 플랫폼 오토비더Autobidder를 인공지능 모델에 적용해 상용화했다. 테슬라의 전기 충전소인 '수퍼차저'를 단순한 전기 충전소가 아니라 에너지 거래소로 만드는 것이다. 오토비더는 테슬라의 전기차를 이동식 ESS로 만들어 수익을 창출하는 플랫폼이다.

신재생에너지나 원전에서 버리는 전기가 발생했을 때 집에 충전기에 꽂아 놓은 테슬라 전기차가 버리는 전기를 충전하고, 자기가 필요한 분량보다 많은 전기가 충전되면 수퍼차저에서 거래하는 것이다. 버리는 전기 5만 원어치를 1만 원에 충전할 수 있다면, 테슬라의 전기차 사용자는 이것을 수퍼차저를 이용해 3만 원에 파는 구조다.

발전소는 어차피 버리는 전기를 1만 원이라도 받고 팔 수 있고, 테슬라 사용자는 1만 원에 충전한 전기를 3만 원에 팔 수 있으니 이익이고, 그 전기를 사는 사람도 5만 원짜리 전기를 3만 원에 살 수 있는 것이다. 예상되는 오토비더의 수익모델은 구매자와 판매자에게 거래 수수료를 1달러씩 받는 것이다.

미국 정부의 주택용 ESS 상용화에 테슬라가 발을 빠르게 담근 것인지, 테슬라의 이동식 ESS에 정부가 동참한 것인지는 알 수 없지만 미국은 로비가 합법인 나라다.

한국은 각자의 지붕과 차고지를 가진 미국이나 덴마크 같은 나라와 상황이 다른 공동주택 비중이 높지만, 송전망이 잘되어 있다는 장점이 있다. 긴 시간 동안 꾸준하게 운전하는 원전이 수도권에서 가장 원거리인 동해안에서 공급되고, 석탄화력이 중거리인 서해안에서 공급된다. 가장 비싸서 가동 순위가 후순위인 액화천연가스LNG 복합화력은 인천과 같은 수도권 내부에서 공급되는데, 이 모든 전력을 한국전력공사에서 통합 관리하니 최대한의 효율을 뽑아내는 전력망이 구성되는 것이다. 다만, 2011년 밀양 송전탑에서 시작된 갈등은 장거리 송전망을 확대하는 작업을 위축시켜 송전망 부족과 관련해 중장기적인 문제가 될 수 있다.

한국도 전기차를 보급하지만 아직 전기를 어디서 확보할 것인지 불투명하다. 해상풍력발전기를 건설한다고 하지만, 들쑥날쑥한 전력을 보관할 ESS는 제대로 준비되지 않았고, 전기가 남아도는 심야에 ESS로 충전해서 낮에 쓰는 심야전기 요금할인제도도 2020년 사라졌다.

태양광도 이런저런 문제가 많고 원전까지 건설이 중단되다 보니, 전기차가 본격적으로 확대되면 발전 단가가 가장 비싼 LNG발전소로 전기를 생산해야 할 것으로 보인다. 신재생에너지만 믿는다고 해결될 문제가 아니다. 제대로 된 에너지 믹스Energy Mix(에너지원의 다양화) 전략이 필요하다.

메르의 인사이트

신재생에너지 발전에만 매몰되지 않고, 보관, 전송, 충전 등 전체적인 인프라에서 기회를 찾는 자세가 필요하다. 세계가 크게 바뀌는 중심에 테슬라가 있는 것을 보면 테슬라 최고경영자(CEO) 일론 머스크의 안목은 인정할 만하다. 단지, 그가 딴짓하지 않고 테슬라 경영에 집중하는지가 테슬라의 성패를 가를 것이다.

03

임진왜란을 통해 보는
정보의 중요성

1592년 임진왜란 직전, 일본은 도요토미 히데요시가 정권을 잡았다. 도요토미 히데요시가 정권을 잡고 제일 먼저 한 것은 토지 측량과 수확량 조사였다. 그 당시 일본의 세금은 영주가 휘하 사무라이에게 마음대로 세율을 정해서 알려주면 그때그때 세금을 걷어 상납하는 방식이었다. 그래서 지역마다 영주마다 시기마다 세율이 달랐다.

세금을 정부에 직접 내는 것도 아니었다. 농부는 촌장에게 세금을 내고, 촌장이 농부들이 낸 세금을 모아서 사무라이에게 바치면, 사무라이가 촌장들이 낸 세금을 모아서 영주에게 다시 바치고, 영주는 일부를 쇼군(막부라는 행정 구역을 다스리던 무사)에게 상납한 다음 나머지를 자신이 쓰는 방식이었다. 무엇이든 중간거래상이 많으면 가격이 올라간다.

쇼군이 세금을 30%만 받겠다고 하면, 영주는 자기 몫을 챙겨야 하므로 사무라이에게 50%를 내라고 요구하고, 사무라이는 60%를 받아서 10%를 먹고, 촌장도 여유 있게 받아서 우수리를 떼먹는 구조가 되어버렸다.

일본 농민들은 수확량의 최소 67%에서 80%까지를 세금으로 내야 하는 것이다. 호조北条 가문에서 잠깐 40%를 세금으로 받은 적이 있는데, 호조 가문이 받는 40% 세율에 농민들이 감동해서 호조를 침략한 히데요시에게 결사 항전한 원인이 되기도 했다.

히데요시는 이런 다단계 조세를 일원화해서 자신의 직할지는 50%, 기타 지역은 70%(생산량의 3분의 2)를 받아 낮은 세금으로 농민들의 인기를 얻은 후 일본 전국을 통일한다.

임진왜란 때 농민 의병 활동이 시작된 이유

당시 조선은 결부법結負法으로 세금을 받았다. 결부제는 1결에서 쌀 300말을 생산할 수 있다고 보고, 그중 25%인 75말을 세금으로 받는 제도다. 토지 상태에 따라 쌀 생산량이 다를 수 있다는 것을 감안해 1등급 토지는 2983평, 2등급은 3241평, 3등급은 3930평을 1결로 보는 식으로 차등을 두어 세금을 받아 갔다.

임진왜란을 일으킨 도요토미 히데요시는 똑똑했지만 정보가 없었다. 일본에서 낮은 세금으로 농민들의 인심을 얻었기에, 한국 농민에게도 같은 방식으로 인심을 얻으려고 부하들에게 파격적인 세율을 지시했다.

"한국 농민들에게는 일본의 절반 수준만 세금을 받아라. 투항하면 더 낮춰줘라."

히데요시의 지시를 받은 부하들은 조선의 농민들에게 "앞으로 세율을 40%씩 받을 것이다. 투항하면 30%만 받겠다"고 발표했다.

세금을 80%씩 내는 일본 농민에 견줘 40%는 절반 수준이었다. 도요토미 히데요시 입장에서는 최선을 다한 세율이었겠지만, 조선 농민 입장에서는 지금까지 25%씩 세금을 냈는데 30~40%를 내라고 하니 세금이 가중된 것이다.

조선 농민들이 일본의 세율에 너도나도 격분했다. 임진왜란 때 조선에서 농민 의병이 물밀듯 일어난 이유는 조선 왕조에 대한 충성심이 아니라 세금 문제였다고 본다. 이를 통해 '사람은 자신의 이익이 되는 쪽으로 움직이기 마련이고, 결국 일이 잘 성사되려면 상대방에 대해 잘 파악해야 한다'는 교훈을 얻을 수 있다. 단순하게

'내가 잘해주면 상대방이 잘해줄 것'이라는 막연한 기대는 생각보다 타율이 낮다. 인간은 고마움을 잘 잊는 이기적인 동물이기 때문이다.

메르의 인사이트

사회는 단독 플레이가 아니라 상대가 있는 시합의 장이다. 상대의 상황과 성향, 돈과 관련한 유불리 등을 고려해야 좋은 결과를 얻을 수 있다.

04
왜 적금 금리가
예금 금리보다 높을까?

금리가 오르면서, 과거 저금리 시대보다는 정기예금과 정기적금 이자율이 많이 높아졌다. 그래서 '주식시장은 엉망이고 부동산도 하락세라는데, 금리가 괜찮은 예적금에 묻어놔야 하나?' 하는 고민을 꽤 많은 사람이 하고 있을 것이다.

시절이 수상할 때 안전한 예적금에 묻어두는 것이 나쁜 선택은 아니지만 한 가지 꼭 알아둬야 할 것이 있다. 예적금 금리 검색을 해서 나오는 이자율은 만기까지 유지했을 때 받는 이자율이고, 중도 해지했을 때는 상상하기 힘든 정도로 낮은 이자율을 받게 된다는 점이다.

W은행 정기적금을 예로 들면 6.5%의 이자율로 광고를 한다. 기본 이자율 2.5%에 4%의 우대 이자율 더 줘서 총 6.5%를 준다는 것이다. 문제는 우대 이자율 앞에 붙은 '만기 해지 시'라는 문구를 잘 봐야 한다.

만기까지 유지를 못하고 중도에 해지하면 4%의 우대 이자율은 0%가 되는 것이다. 일단 6.5%의 이자율 중 4%가 떨어져 나간다.

기본 이자율 2.5%도 중도 해지 시 다 주는 것은 아니다. 은행별 차이는 있지만, 보통 비슷한 예치기간별 해지 이자율을 적용하고 있다. 예치기간이 20%가 안 되면 기본 이자율의 10%를 주고, 예치기간이 만기에 가까워지면 조금씩 올라가서 예치기간이 80%를 넘어가면 기본 이자율의 80%까지 지불하는 식이다.

3년짜리 6.5% 정기예금을 들었는데, 갑자기 급한 돈이 생겨서 5개월 만에 해지한다고 가정해보자. 일단 4%의 우대 이자율은 0%가 되고, 2.5%의 기본 이자율은 예치기간이 3년의 20%가 지나지 않았으니, 기본 이자율의 10%인 0.25%를 받게 된다. 6.5%짜리 정기적금을 들었지만, 5개월 만에 해지하면 그때까지 넣은 돈에 대해서 0.25%의 이자율로 계산해서 받는 것이다.

3년짜리 정기예금을 2년 364일까지 유지하고, 만기 하루 전에 깬다고 다시 가정해보자. 만기 딱 하루 전이더라도, 우대 이자율 4.0%가 0%가 되는 것은 똑같고, 기본 이자율 2.5%의 80%인 2%

를 받게 되는 정도다. 하루를 더 참으면 6.5%를 받을 수 있지만, 만기 하루 전에 적금을 해지하면 2%밖에 받을 수 없다.

정기 예적금에 아주 높은 이자율을 준다고 하는 곳들이 있다. 너무 과하면 보통 함정이 있기 마련이다. 판매 조건을 꼼꼼하게 살펴보면 추첨을 해서 당첨이 되어야 높은 금리를 주겠다는 곳 등 사기에 가까운 조건들까지 있다. 크게 광고하는 금리만 보지 말고 세부 조건을 하나씩 뜯어봐야 하는 것이다.

이렇게 예적금의 금리를 비교하면, 정기예금보다 정기적금의 이자율이 더 높은 경우가 대부분이다. 정기예금보다 정기적금의 이자율이 높은 이유가 뭘까?

정기적금 고객에 서민층 비율이 높아 중도 해지를 훨씬 많이 하는 게 이유라고 생각한다. 정기예금 고객이 만기를 채우지 못하고 중도에 해지하는 비율은 최대 45% 정도고, 정기적금의 중도해지율은 70%가 넘는다는 분석을 본 적이 있다.

목돈이 있는 사람이 여유자금을 맡기는 정기예금보다 목돈을 만들기 위해 매달 조금씩 돈을 붓는 정기적금을 서민들이 많이 들기도 하고, 매달 계속 돈을 넣는데 부담을 느껴 예금보다 적금 해지가 많은 것이다. 정기예금보다 정기적금의 해지율이 훨씬 높다면, 정기적금에 더 높은 이자율을 줘도 은행은 수지가 맞는 것이다. 정기예금보다 정기적금의 이자율이 높은 것이 비밀이라면 비밀이다.

05

달걀 값으로 보는 세계 경제

조류독감이 오면 한 번씩 전 세계 달걀 값이 급등한다. 2022년 미국은 바이러스 확산을 막기 위해 전체 산란계Commercial Chicken의 5% 정도인 4400만 마리 이상을 살처분했다. 미국 대형 달걀 12개 짜리가 1.39달러(1,720원)에서 4.25달러(5,260원)로 올랐는데, 특히 캘리포니아에서는 7.37달러(9,110원)까지 올라 인플레이션에 영향을 미치기도 했다.

달걀 값이 워낙 오르다 보니 미국 부활절 행사에 달걀 대신 감자가 등장했고 일본도 마찬가지다. 일본 홋카이도에서 조류독감이 발견된 이후, 일본 전체 산란계 1억 3000마리 중 10%에 달하는

1350만 마리를 살처분했다. 일본도 살처분으로 달걀 공급이 줄어들어 달걀 값이 역대 최고로 치솟자 규동 식당 등에서 달걀이 들어간 메뉴가 사라지기도 했다.

조류독감으로 인한 달걀 값 상승은 미국이나 일본뿐만 아니라 중국, 유럽 등 세계 각국에서 주기적으로 겪는 일이다. 한국은 2020년 이런 고통을 크게 겪었다.

순계 〉 원종계 〉 종계 〉 산란계

닭은 크게 두 종류로 나누어진다. 닭고기를 먹는 '육계'와 닭이 낳는 달걀을 먹는 '산란계'다. 육계는 보통 30일만 키우면 치킨집, 삼계탕, 마트 등으로 나가는데 산란계는 다르다.

닭이 달걀을 낳으려면 5개월 정도 키워야 하기 때문에 기본적으로 시간이 많이 걸린다. 하지만 산란계를 5개월 정도 키우면 그때부터 알을 낳기 시작하는데, 1년에 300개 정도를 낳을 만큼 놀라운 생산력을 가지고 있다.

한국에 산란계는 7000만 마리 정도가 있고, 달걀은 하루에 5000만 개가 만들어진다. 2020년 겨울, 한국에 조류독감이 퍼지면서 산란계 중 2000만 마리 정도 살처분되었다. 살처분이 많은 것도 문제였지만, 종계장에 조류독감이 돈 게 엄청난 영향을 미쳤다.

한국의 산란계는 95% 이상 하이라인 브라운이다. 미국 하이라인 회사의 갈색(브라운) 품종 산란계라는 말이다. 과거 하이라인 화이트를 들여와 흰색 달걀을 만들다가, 한국 사람이 갈색 달걀을 선호하자 하이라인 브라운을 들여온 것이다.

닭은 보통 자기 색깔과 같은 알을 낳는다. 하이라인 브라운이나 하이라인 화이트나 똑같은 품종 닭이다. 즉, 흰 닭을 수입하다가 갈색 닭을 수입한 것이다. 한국에서 나오는 갈색 달걀이나 흰 달걀이나 차이가 없다는 의미이다.

하이라인사는 1년에 달걀을 10개 정도 만드는 이탈리아 야생 닭을 300개를 낳을 수 있도록 품종을 개량했고, 한국은 1년에 1만 마리 정도 하이라인 브라운 원종계Grand Parent Stock를 미국에서 수입한다.

원종계는 최고 상위의 씨암탉인 순계Pure Line가 낳은 닭이다. 원종계를 수탉 1마리 대 암탉 10마리 비율로 수정하면 유정란을 1년에 100개 정도 만든다. 유정란 100개에서 80마리 정도 병아리가 태어나고, 80마리 병아리 중 수컷 40마리는 대부분 바로 갈리거나 소각 또는 질식사시켜 사료가 되는 과정을 거친다.

영화 〈미나리〉에서 주인공 부부가 하는 일이 병아리 감별사였다. 수컷으로 감별된 병아리가 살아 있는 채로 소각되어 폐기되는 것을 본 아들이 아빠에게 왜 어린 수컷을 폐기하는지 물어보는 장면이 있는데 인상 깊었다. 아빠는 아들에게 눈을 맞추며 "알도 낳지 않고… 그러니까 우리는 쓸모 있는 사람이 돼야 해"라고 말한다.

이러한 과정을 거쳐서 원종계 1만 마리가 1년이 지나면 종계 Parent Stock 40만 마리가 된다. 원종계가 낳은 닭이 종계다. 40만 마리 종계가 다시 같은 방식으로 40배의 산란계 1600만 마리를 만든다. 달걀 농가에서는 이 산란계 병아리 1600만 마리를 공급받아 키워서 달걀을 만드는 것이다.

달걀 농가는 산란계에서 나오는 유정란으로 병아리를 키워 새로운 산란계를 만드는 방법을 이어 나갈 수 없다. 산란계를 수정해서 병아리를 만들면 열성인자가 튀어나오기 때문이다. 산란계로 새끼를 칠 때 달걀을 잘 낳지 못하는 열성 닭이 나오게 하는 것이 글로벌 기업 하이라인 브라운의 핵심기술이다. 이렇다 보니 달걀 농가는 매년 산란계를 종계장에서 사오고, 종계장은 매년 미국에서 원종계를 수입해온다.

2021 달걀 파동이 왔던 이유

한국의 하이라인 브라운은 한국양계TS에서 독점으로 수입한다. 한국양계TS는 원종계를 종계, 산란계 방식으로 1600배 튀기는 종계장을 경기도 이천과 충청북도 음성에 운영한다.

2020년 겨울, 한국양계의 이천 종계장이 뚫려 씨암탉 60만 마리 중 10만 마리가 살처분되었다.

종계장이 뚫리지 않았으면 종계가 낳은 산란계가 달걀을 낳을 수 있을 만큼 크는 5개월만 버티면 정상화가 되는데, 종계가 살처분이 되니 문제가 커졌다. 원종계가 낳은 종계가 5개월을 자라 산란계를 낳고, 산란계가 다시 5개월 자라 달걀을 생산하는 구조라 최소 10개월이 필요해진 것이다. 2020년 말에서 2021년 초에 달걀 값이 한 판에 1만 원을 넘어가는 달걀 파동이 왔고, 이것이 1년 가까이 오래갔던 이유다.

산란계와 달리 치킨이나 삼계탕 등으로 고기를 먹는 육계는 한 달이면 먹을 만하게 키울 수 있어서 물량이 빨리 회복된다. 산란계는 미국 하이라인 브라운이 거의 100%지만, 육계는 아바에이카 품종의 영국 닭이 80% 정도로 비중이 높고, 미국 닭이 20% 정도를 차지한다. 육계 위주로 영업을 하는 하림은 원종계로 영국산 아바에이카와 미국산 코브를 7 대 3 정도 수입한다.

5개월 자란 산란계는 1년 반 정도 닭걀을 낳으면 달걀 만드는 속도가 떨어져서 폐계가 된다. 폐계가 된 닭들은 보통 소시지가 되거나 재래시장의 통닭이 되든지 아니면 다른 나라로 수출된다.

그곳은 바로 베트남이다. 폐계들은 베트남 쌀국수의 국물을 내는 육수용으로 소진되고, 베트남 사람들이 질긴 닭을 쫄깃하다고 좋아해서 전 세계 폐계, 노계들이 베트남으로 모여드는 것이다.

사실 폐계, 노계라고 하는 것은 사람의 시각이다. 13년까지 살수 있는 닭을 2년 정도 키워, 달걀을 낳는 속도가 떨어진다고 폐계나 노계라고 부르는 것은 적절하지 않아 보인다. 베트남 사람들이 폐계나 노계를 먹는 게 아니라, 젊고 큰 닭을 먹는다고 표현하는 게 맞는 듯하다.

메르의 인사이트

'달걀 가격이 올랐으니 중간 도매상에서 사재기를 하면 되겠다'라는 시각으로 세상을 바라보면, 투자자로서는 실격이다. 달걀 하나에도 글로벌 기업의 유전자 기술과 '순계>원종계>종계>산란계'로 이어지는 흐름이 있다. 일상생활에서도 생각의 범위를 넓혀서 제대로 된 흐름을 파악하는 연습이 필요하다.

06
중국과 호주의 무역분쟁에서
보여준 자원의 위력

중국과 호주의 무역분쟁은 한동안 세계에 여러 영향을 미쳤다. 무역분쟁 발단부터 진행 상황을 알아보자. 호주 자원의 최대 소비 국가는 중국이다. 그래서 중국과 호주는 VIP고객과 판매점 관계로 사이가 좋았다. 그런데 2019년 코로나19가 터졌고, 호주는 중국에 바이러스 발생 과정에 대한 조사를 요청했다.

지금까지 VIP고객으로 우대를 받던 중국은 발끈한다. 이후 호주 주재 중국 대사관에서 호주 정부에 14개 항목의 요구사항을 보냈다. 이 항목에는 호주 입장에서 모욕적으로 느낄 만한 부분들이 있었다.

1. 위구르, 홍콩, 대만 문제에 간섭하지 마라.

2. 국제적으로 반중反中 분위기를 주도하지 마라.

3. 증거도 없이 중국을 사이버 테러국으로 의심하지 마라.

4. 호주 언론의 중국에 대한 적대적 보도를 막아라.

5. 반중 싱크탱크Think Tank에 자금을 지원하지 마라.

6. 외국의 내정에 공공연하게 간섭하지 마라.

7. 중국의 호주 투자를 보안을 이유로 막지 마라.

8. 화웨이가 호주 5G 사업에 참여하는 것을 막지 마라.

9. 빅토리아 주정부의 일대일로(중국 주도의 신 실크로드 전략) 참여를 막지 마라.

10. 중국의 남중국해 소유권 주장을 반박하는 UN의 연설을 철회해라.

11. 호주 정치인들은 중국, 아시아인에 대한 차별 발언을 하지 마라.

12. 중국 언론인, 학자들의 비자를 취소하지 마라.

13. 호주 총리가 코로나19 기원을 조사하는 행위를 철회해라.

14. 호주에 있는 중국 언론인에 대한 수색, 압수 행위를 중단하라.

이 내용을 요약하면 중국이 '호주가 우리를 적으로 돌리면, 우리도 호주의 적으로 돌아설 거다'라는 선전포고였다.

말로만 협박한 것이 아니라 중국은 호주 수입품을 공식, 비공식적으로 규제했다. 한국이 중국에 사드THAAD(고고도미사일방어체계) 보복 조치로 많이 당한 방법이었다. 호주산 석탄, 소고기, 목재, 와인 수입을 중단했으며, 호주산 랍스터가 중금속에 오염되어 있다는 트집을 잡아 통관을 중단시켰다. 통관이 장시간 보류되는 과정에 폐사해서 랍스터가 썩는 장면이 방송에 보도되자 호주 국민의 감정선을 자극했다.

호주와 중국 간 분쟁의 원인이 '코로나19 발생원인 조사 요구'처럼 보이지만, 사실 호주 다윈항Port Darwin이 문제였다. 다윈항은 호주 북부에 있는 항구로 중요한 전략적 위치에 있다. 다윈항은 중국 수입 원유의 80%가 지나는 말라카 해협과 인도네시아, 말레이시아, 필리핀 등을 바라보는 요지에 있다. 이런 다윈항을 민간 기업 랜드브리지가 4억 달러를 내고 호주 지방정부로부터 99년간 임차한 것이다.

랜드브리지는 중국 랑차오浪潮 그룹의 오너 예청이 소유한 기업으로 예청은 중국 군부 출신 인물이었다. 중국 군부가 다윈항을 99년간 빌렸다는 의미다. 미국 대통령이 호주에 강한 항의를 하면서 호주는 북부 지역의 전략적 중요성을 재인식한다.

중국이 호주의 주요 수출품을 규제하자, 호주는 굴복하지 않고 보복했다. 호주산 철광석 가격을 2배 넘게 올려 버린 것이다. 중국에서 수입하는 철광석의 60% 이상이 호주산이다. 브라질 등이 코로나19로 가동률이 떨어져 생산량이 줄어드니, 호주산 철광석을 대체할 대안이 중국에는 없었다.

호주는 철광석 가격 인상 하나에서만 연간 1,360억 달러를 벌어들여 중국이 와인, 랍스터, 목재, 석탄 등을 규제해서 본 손해를 모두 만회하고도 남는 이익을 남겼다.

호주가 철광석 가격을 올리며 반발을 해도 중국은 회심의 일격이 있었다. 86억t이 매장되어 있다는 아프리카 기니의 시만두 광산의 채굴권을 중국이 확보한 것이다. 기니를 장기 집권하는 친중파 알파 콩데Alpha Conde 대통령이 광산 채굴권을 중국 손에 넘겨줬다.

시만두 광산은 매장량도 충분하고 철 함량도 호주보다 좋아, 중국은 시만두만 개발하면 호주를 한 방 먹일 수 있다고 예상했다. 광산이 바다와 떨어진 내륙에 있어 항구까지 철도 등 수송 인프라가 필요했지만, 어차피 중국 특기가 인프라 건설이라 문제없다고 생각했던 것이다.

중국의 호주산 수입 규제

2021년 9월 5일 기니에서 쿠데타가 일어났다. 기니의 콩데 대통령은 야당 민주화 인사 출신으로 2010년 기니 최초로 민선 대통령에 선출되었고 2015년 재선에 성공했다. 기니에서는 대통령이 중임까지 할 수 있어 콩데 대통령은 2020년에 물러나야 했지만, 헌법을 뜯어 고쳐 3연임을 한 것이다. 3연임은 국민의 불만을 키웠고, 반정부 세력이 커져 쿠데타에 성공하면서 중국에 문제가 생겼다.

중국은 알루미늄 원료인 보크사이트, 석유, 우라늄, 철광석 등 기니의 자원 개발에 1,000억 달러 이상 투자하고, 아프리카 군부를 오래전부터 관리해왔다. 2000년대부터 아프리카 군부의 장교들에게 전액 중국 비용 부담으로 교육을 해주는 식이었다. 초급 장교들은 중국 남경 군사학교, 대련 해군사관학교, 공군 항공대학교와 같은 사관학교에 입학시켜 교육을 해주고, 중견 간부들은 난징의 육군 사령부 대학교 등에 입학시켜 지휘, 참모 교육을 해주며 친중 인맥 구축에 노력했다.

문제는 기니 쿠데타를 성공시킨 마마디 둠부야Mamady Doumbouya 대령의 이력이 일반적인 아프리카 장교들과 달랐던 점이다. 그는 프랑스 외인부대에서 15년간 복무하고, 이스라엘 국제안보 사관학교에서 작전 전문가 훈련을 마친 후 기니에 새로 설립된 특수부

대를 이끌기 위해 기니로 돌아온 인물이었다. 쿠데타 군인 속에 성조기 패치가 붙은 멀티캠 전투복을 착용하고, 서방제 소총으로 무장한 백인 등 미 육군 특수작전부대로 보이는 병력이 목격되면서 친중 콩데 정권을 전복시키기 위한 미국 배후설까지 나돈다.

평소 '내정 불간섭'을 신조로 삼던 중국이 쿠데타가 일어난 다음 날인 9월 6일 정례 브리핑에서 "중국은 쿠데타를 통한 정권 탈취를 반대하며, 알파 콩데 기니 대통령을 즉각 석방할 것을 촉구한다"라고 외쳤지만 의미가 없었다.

둠부야 대령은 2021년 10월 1일 임시 대통령 직위에 오른 후 중국에 대한 석탄 수출을 금지했다. 중국이 더 꼬인 부분은 보크사이트였다. 기니는 알루미늄 원석인 보크사이트 매장량 세계 1위국으로 중국의 전체 보크사이트 수입 60%가 기니산이었다. 기니가 보크사이트 수출을 제한하면, 중국은 다른 나라에서 가져와야 하는데 호주밖에 가져올 나라가 없었다. 보크사이트 가격이 급등하자 호주의 대중 무역수지 흑자는 더 늘어났다.

호주는 좌파인 노동당 정부가 집권하던 2010년대까지만 해도 친중 성향이 강한 나라였다. 중국어를 전공하고, 중국 베이징에서 외교관 생활을 했던 노동당 케빈 러드Kevin Rudd 총리는 친중파였고 그의 사위도 중국계였다. 토니 애벗Tony Abbott이 이끄는 자유당이 정권 교체에 성공하면서 분위기가 바뀌었고, 친중에서 친서방으로 방향이 바뀐다.

토니 애벗에 이어서 호주 총리가 된 스콧 모리슨Scott Morrison도 호주의 주권을 최우선시하는 정책을 유지했다. 모리슨은 호주의 5G 통신 사업에 중국 IT기업인 화웨이의 참여 배제를 결정한다. 그리고 중국의 코로나19 기원과 책임에 대한 조사를 공식 요구했고, 오커스 동맹 체결, 미국·일본·호주·인도의 4자 협의체인 쿼드Quad를 출범해 인도 태평양 지역에서 중국을 견제했다.

호주는 중국이 호주산 수출품에 여러 규제를 하면서 보복했지만, 역대 최대 규모의 경상수지 흑자를 달성하면서, 2021년 중국의 무역 흑자국 2위로 호주가 올라간다.

중국이 규제한 호주산 석탄, 와인, 귀리, 랍스터에 대한 대응 수단도 마련되었다. 중국이 수입을 금지한 호주산 랍스터는 홍콩으로 갔다. 그런데 홍콩의 호주산 랍스터 수입량이 50배나 늘어났다. 홍콩 사람들이 랍스터를 50배 많이 먹는 게 아니라, 호주산 랍스터가 홍콩산으로 재포장되어 중국에 들어갔다. 유통이 길어지고, 홍콩이라는 중간 판매상이 생기니 중국 내 랍스터 가격만 오르는 상황이 되어버린 것이다.

중국이 수입 금지한 보리는 동남아시아로 수출선이 변경되었고, 구리는 일본과 유럽으로, 면화는 방글라데시와 베트남으로 수출로를 바꿨다. 중국의 호주산 수입 규제가 호주 입장에서 중국에

치중되어 있던 교역 상대를 다변화시킨 것이다.

중국의 호주 총선에 대한 어긋난 기대

중국은 호주 총선에 기대를 했다. 호주 총선은 우리로 치면 대통령 선거와 국회의원 선거를 한 번에 하는 큰 선거다. 노동당 측의 총선 후보자들은 모리슨 정부의 대중 외교는 중국과의 전쟁을 고조시킨다고 비판하며 친중 입장을 취했다. 중국계 호주 기업인이 야당 후보들을 매수하려다가 적발되는 등 중국은 노동당을 미는 모습이 보였다.

2022년 5월 중국이 원하는 대로 호주 총선에서 친중 성향의 노동당이 승리했다. 호주는 의원내각제라 총선이 대선인 셈이라 총선에서 다수당이 되는 노동당의 앤서니 앨버니지Anthony Albanese는 호주를 대표하는 총리가 된다.

그러나 앨버니지가 집권한 뒤에도 외교는 보수 입장을 고수할 수밖에 없었다. 호주의 반중 여론이 높아져 친중을 하기 힘든 상황인 것이다. 중국은 노동당 집권 후 시간이 지나면 달라질 것이라고 예상했지만, 중국의 기대와 달리 신임 호주 총리는 당선된 뒤에도 "다윈항 운영권 임대계약을 취소하기 위해 연방정부의 '외국 거부권 법'을 사용할 준비가 되어 있다"라는 선언을 했다. 중국이 호주의 앞마당인 남태평양 솔로몬 제도 등에 진출하면서, 국내 여론이 급격하게 악화된 것이 이유였다. 솔로몬 제도에서 미국과 영국 해군 함정의 입항을 거부하고, 중국 화웨이의 이동 통신망을 각지에 깔기 시작한 것이다.

호주가 반중 정책을 확대하고 있지만, 중국은 호주의 석탄이 과거보다 더 중요해졌다. 중국은 호주로부터 석탄 수입을 줄이고 인도네시아 석탄 수입을 늘려왔는데 우크라이나 전쟁으로 변수가 생겼다. 유럽 국가들이 러시아산 석탄 구매를 보이콧한 후 부족한 석탄을 인도네시아에서 구입하자, 중국에서 물량을 확보하기가 힘들어진 것이다.

석탄이 부족하면 돈을 조금 더 주고 다른 나라 석탄을 더 가져오면 된다고 생각할 수 있다. 하지만 호주산 석탄의 특성이 있어 완전히 끊기가 쉽지 않다. 호주산 석탄은 1kg으로 5500kcal 열량을 낼 수 있는 화력발전에 알맞은 고열량탄이지만, 인도네시아나 몽골산 석탄 등은 1kg으로 3000kcal밖에 낼 수가 없어 고열량탄인 호주산 석탄을 적당히 섞어야 제대로 된 발전 효율이 나오기 때문이다.

호주의 완승으로 끝난 무역전쟁

중국은 아직도 전기의 60% 이상 석탄을 사용하는 화력발전을 이용한다. 중국은 체면이 다소 상하더라도 호주산 석탄의 수입 재개를 호주에 타진했다. 인도네시아뿐만 아니라 기니 쪽도 문제가 풀리지 않아 호주 자원을 더 이상 받지 않고 버티기 힘든 상황인 것이다.

쿠데타에 성공한 둠부야는 임시정부를 만들고 대통령에 취임했다. 둠부야는 중국이 확보한 세계 최대 미개발 철광석 광산인 시만두 광산 개발을 완전히 중단시켰다. 시만두는 지름 110km의 언덕 형태의 노천 광산으로 함량 65% 이상인 고품질 철광석 86억t이 매장된 세계 최대 미개발 철광석 광산이다. 시만두 광산은 중국 국유기업 중국알루미늄 등이 만든 컨소시엄 2개가 320억 달러를 투자해 85%의 지분을 확보한 광산이기도 하다.

중국이 85%의 지분을 확보했다는 말은, 광산을 개발해서 수익이 나도 기니 정부의 몫이 15%밖에 안 된다는 말이다. 기니 정부는 시만두 광산과 대서양의 마카통시를 연결하는 650km의 국토횡단 철도와 마카통의 수출용 항구 인프라를 중국 돈으로 건설하라고 요구했다.

기니는 지분이 얼마 안 되는 시만두 광산 개발보다 철도와 항구

인프라에 더 관심이 있었기 때문에, 중국은 철도와 항구를 실컷 개발해주고 시만두 광산에서 이익을 얻지 못할까 봐 우려했다.

중국이 호주에 여러 수입 규제를 했지만 결국 철광석의 수입은 막을 수 없었다. 2022년 철광석 수입의 60% 이상이 호주산이었다. 기니 임시정부가 650km짜리 철도와 항구 등이 완공되어야 광산 개발을 허용하겠다는 입장이라, 합의가 되어도 광산 개발까지는 시간이 필요하기에 당장 호주산 공급을 줄일 수 없다. 결국 중국은 철도를 까는 비용을 부담하기로 한 듯하다.

2023년은 중국 국가주석 시진핑이 3연임을 시작하는 첫해다. 3연임 첫해의 경제성장 목표인 5%를 달성하려면, 호주와의 무역 분쟁을 계속 이어나가기 힘들었을 것이다. 중국은 석탄 수입 재개에 이어서 면화 등 기타 규제 품목도 호주산을 다시 수입했다.

호주는 입장을 바꾸지 않았다. 호주 정권이 바뀐 이후에도 미국과 5척, 영국과 8척의 핵잠수함 건조 계약을 체결하는 등 2,450억 달러 규모의 군사력 확대 방안을 발표했다. 미국은 호주 핵잠수함이 실전에 배치되는 2030년까지 미국 버지니아급 잠수함 4척을 호주에 사전 배치해주기로 했다. 미국은 호주에 핵잠수함을 제공하는 대가로, 호주에 미국 핵잠수함 기지를 추가로 얻은 것이다.

중국 외교부 대변인은 '미·영·호주가 발표한 공동성명에 결연한 반대를 표명한다'라고 강하게 반발했지만 마땅한 대응 방안이 보이지 않는 상황이다. 중국과 호주의 무역전쟁은 호주 완승으로 끝난 것으로 보인다.

　중국이 경제성장을 위해 자존심을 버리고 호주산 석탄 수입을 재개하는 것을 보면, 공장 가동률은 점차 올라갈 것이고 한국의 미세먼지는 다시 심해질 것으로 예상된다.

메르의 인사이트

중국이 자존심을 버리고, 호주 석탄 수입을 재개한다는 것은 중국의 경제성장 의지가 그만큼 강하다는 뜻이다. 중국은 장기적으로 부동산 문제, 인구 감소 등 여러 문제가 있지만, 경제성장을 제대로 하겠다고 결심하는 순간, 단기적으로는 상당한 경기부양 효과를 보여줄 수 있는 나라다. 중국과 수출입이 상당 비중 연결된 한국 입장에서 중국의 경기부양 시도는 일정 수준 긍정적인 영향을 미칠 것으로 보인다.

07
헤지펀드를 보면
시장 상황이 이해된다

2023년 1월 일본 국채 10년 물 금리가 순간적이지만 0.6%까지 올라갔다. 0.5%에서 0.6%로 오른 게 별거 아닌 것처럼 보일 수 있지만, 수가적으로 18.8%가 오른 것이다. 2022년 말부터 헤지펀드사들이 엔화 강세를 바라면서 일본 국채를 팔고 엔화를 사는 이유 중 하나다.

일본은 2023년 1월에만 10년 물 국채 금리 0.5%를 방어하는 데 164조 원을 소모했다. 그러나 이렇게 자금을 쏟아부어도 헤지펀드사의 공격으로 국채 금리가 목표금리 이내로 못 들어가고 금리 역전 현상까지 생겼다. 일본 국채 9년 금리는 0.63%인데 10년 금리가 0.51%로, 기간이 더 긴 국채가 짧은 국채보다 금리가 낮아진 것이다.

이때부터 일본은행이 헤지펀드사의 공격에 본격적으로 대응하기 시작했다. 헤지펀드도 사실 개인이 모인 집단이다. 일본 정부가 각 잡고 나서면 소심한 쪽은 손절하고 빠져나가 대오가 무너질 가능성이 큰 것이다.

일본 아베 정권은 돈을 풀어 경기를 활성화하는 정책을 펼쳤다. 일본은 국채를 마음껏 찍었고, 일본은행은 그 국채를 사들이고 국채 대금으로 엔을 지불하여 시장에 엔이 흔하게 만들어 인플레이션을 유도하려는 노력을 하고 있었다.

앞서 말했듯이 일본은행이 일본 국채를 보유하는 비율은 과거 10% 수준이었는데 현재 50%를 넘어갔고 갈수록 비중이 늘어나고 있다.

일본은행의 일본 국채 보유는 인플레이션에 영향을 준다. 일본 국채를 살 때 일본은행은 엔을 내주는데, 결과적으로 시장에 엔화가 많이 풀려 흔해지니 돈의 가치가 떨어지고 물가를 자극해 일본에 본격적인 인플레이션 징후가 나오는 것이다.

인플레이션을 잡는다고 금리를 올리면 정부의 국채 이자 부담이 늘어나기 때문에 다른 문제가 생긴다. 5%가 넘어가는 미국의 기준금리와 격차가 커서 0.5%에서 0.75%로 높여 봤자 한두 번 금리 인상에 그치지 않고 계속 올려야 하는 상황이 오는 것이 일본은행의 걱정이다. 일본은행의 1차 목표는 과하게 엔화를 공격하는 헤지펀드사들을 주저앉게 만드는 것이다.

일은포 사건

2003년 미국은 이라크와 전쟁을 시작했다. 미국은 막대한 전쟁 비용이 필요했고, 그 돈을 마련하려면 달러를 찍어내야 해서 미국 달러의 약세는 예상되는 상황이었다. 달러가 약해지면 돈이 몰려 갈 곳은 일본 엔이라고 생각한 이들은 안전자산인 엔화 강세에 베 팅했다. 이들이 독일 국내총생산GDP과 맞먹는 규모의 자금으로 엔 을 공격했다.

달러당 117엔 수준이었던 엔화가 105엔까지 상승하자, 일본은행은 당시 재무상이었던 다니가키 사다카즈의 지휘하에 반격에 나섰고, 시간당 600억 엔, 하루 1조 4,400억 엔을 투입해 엔을 방어했다. 일본은행은 보유하고 있는 30조엔 외에도 200조엔 규모의 미국 국채 중 만기가 짧은 100조 엔을 팔아 자금을 충당했다.

헤지펀드사들은 괴물같이 보이지만, 속을 뜯어보면 수백 개가 넘는 이기적인 펀드들이 각자의 이익으로 움직이는 상태라 한번

삐끗하면 무너지는 약점이 있다.

일본 정부도 위험을 안고 지른 것은 맞다. 일본은행이 달러를 사들이기 위해 엔화를 너무 많이 찍으면 인플레이션이 문제가 될 수 있기 때문이다.

하지만 당시 일본은 디플레이션(상품이나 서비스 가격이 지속해서 하락하는 현상)으로 고생을 하고 있던 시기라, 일본 정부는 '헤지펀드사와 싸운다'는 명분하에 돈을 마음껏 찍어내 디플레이션을 해소하고 환율도 방어할 수밖에 없었다.

공격에 실패한 헤지펀드사들은 줄줄이 도산했고, 일본은행은 매도한 미국 국채를 다시 사서 국고에 반환하고 상황이 종료되었다. 2003년 1월~2004년 2월까지 벌어진 일로 수천 개의 헤지펀드사가 도산했다. 이후 엔화의 대규모 방출이 마치 전 세계 헤지펀드사들을 향해 쏜 일본은행의 대포라는 의미로 '일은포日銀砲 사건'이라 부른다.

일본은행의 예상 행보

2023년 들어 헤지펀드사의 공격을 방어하기 위해 일본 국채 매입에 돈을 쏟아붓고 있는 일본은행은 일은포 사건을 떠올렸을 것이다. 결국 일본은행의 방향은 일단 헤지펀드사 공격에 강력하게 대응한 뒤, 시간을 가지고 아베노믹스의 다음 정책을 준비하자는 정도로 결정되리라 예상된다.

미국 연준과 일본은행의 큰 차이가 하나 있다. 미국 연준은 미리 정책 방향을 알려줘서 시장이 예측하고 대비할 수 있게 만든 다음 강한 정책을 투하한다. 하지만 일본은행은 반대다. 시장이 전혀 예상하지 못하는 뜬금없는 타이밍에 정책을 내놔서, 강도는 약하지만 시장을 놀라게 하는 방법을 즐겨 쓴다.

2023년 4월에 새로 취임한 우에다 가즈오 일본은행 총재는 5월 25일 외신 인터뷰에서 대규모 "양적완화를 지속할 것"이라고 발언했다. '계속 돈을 풀겠다'는 메시지에 이어 2가지 중요한 내용을 시사했다.

"기존 통화정책의 이익과 부작용 간 균형에 변화가 생긴다면 정책 조정이 있을 수 있다"고 덧붙였다. 이 말만 보면 금리 인상이 임박한 것으로 보이지만 "검토 과정은 12~18개월이 걸리며 그 기간 내에도 필요에 따라 정책은 변경될 수 있다"라고 한 점이 주목할 부분이다.

시장 상황에 따라 약간의 변화가 있을 수 있지만, 아베노믹스의 큰 방향 전환은 1년 정도 연구해서 결정하겠다는 생각으로 보인다. 당장은 방향 전환이 없다고 하는 발표에 달러당 엔화 가치는

140엔까지 떨어졌고, 이는 일본 엔화를 공격하는 헤지펀드사들에 결정타가 되었다.

시장에서 일본이 결국은 YCC(국채 금리를 일정 수준으로 통제하는 수익률 곡선 통제 정책) 정책을 2023년 내 조정할 것 같다는 예상이 나오고 있다. 하지만 일본은행의 정책이 비밀주의에 뜬금없는 점을 고려하면 타이밍을 종잡을 수 없다는 말이 정답 같다.

메르의 인사이트

헤지펀드사의 움직임을 보는 것도 시장과 환율을 보는 주요한 관점이다. 헤지펀드사의 공격을 방어한 후, 일본은행이 어떤 타이밍에 금리를 건드릴 것인지가 관전 포인트다.

08
인구 구조가
경제의 큰 흐름을 움직인다

현재 세계 인구 1위 국가는 인도이고, 2위가 중국이다. 2022년 말 인도가 중국의 인구를 앞섰다. 두 나라 인구 차이가 많지 않은 상황에서 2022년부터 중국 인구가 줄어들기 시작한 게 원인이다. 2.1명의 출산율이 나와야 인구가 유지되는데, 중국은 출산율 1.3명으로 인구가 빠르게 줄어들고 있다.

한국은 세계 1위의 출산율 감소국이다. 한국의 결혼하지 않는 사람과 결혼한 사람의 출산을 합친 합계출산율은 0.81명이고, 특히 서울은 0.62명으로 더 낮다. 2025년이면 전국이 현재 서울 수준인 0.61명까지 출산율이 낮아져 압도적 세계 꼴찌 출산국이 될 것으로 예상된다.

출산율 하락은 이미 사회 많은 곳에 영향을 미치고 있다. 가천대학교 길병원은 소아과 의사 부족으로 진료를 중단한 적이 있다. 새로 태어나는 아이가 줄어들자 소아과를 지원하는 전공의가 줄어들어 대형병원을 채우기에도 부족한 상태다.

직전 10년간 소아과가 절반으로 줄었고, 신규 소아병원 개원이 사라지고 있다. 현재 고령이 되어가는 동네 소아과 의사들이 은퇴하면, 아이가 아플 때 소아병원이 있는 먼 동네까지 달려가야 하는 상황이 올 것이다. 산부인과도 10년 동안 반 토막이 났다.

학생 숫자는 초·중·고·대학교 모두 줄어들 수밖에 없다. 등록금으로 재정의 대부분을 충당하는 사립 대학은 점점 버티기 힘들어진다는 말이다. 지방권 130개 대학의 수시 미등록이 수만 명 단위가 되면서 부족 현상은 심해지고 있다.

군인도 상황은 다르지 않다. 통계청에 따르면 병역 의무가 있는 20세 남성 인구가 2020년 33만 명에서 2045년 12만 명으로 급감할 예정이라 징병만으로 50만 병력을 유지하기 어려울 것이다.

아파트를 평가하는 새로운 기준

부동산은 아직 시간이 있다. 부동산은 보통 30대부터 구입을 시작하고, 50대의 구입 비중이 높은 시장이다. 과거 출산율이 가장 높았던 1960~1980년대생들이 재력이 축적된 사회 주력층이 되면서 주택을 살 수 있는 대상의 상단을 차지하고 있다. 부동산은 1958년 개띠라고 부르는 연령층이 경제활동을 멈추는 몇 년 후부터 본격적인 수요가 감소될 것이다. 현재는 결혼 인구가 줄어들면서 신혼가구의 주택 구입 수요 축소가 일부 반영된 정도다.

경제를 보던 시각으로 부동산을 보면 다르게 보일 수 있다. 수요·공급 시각으로 보면, 인구 감소는 전체적 주택 수요를 감소시킬 것이고, 특히 인구가 빠르게 줄어드는 지방의 수요를 감소시킬 것이다.

항상 부동산 가격 평가를 보면서 아파트는 왜 다르게 평가하는지 이상하다고 생각했다. 현재 아파트는 매매 사례를 비교해서 가격을 매긴다. 옆 동 아파트의 매매가를 보고, 우리 아파트가 층수는 낮지만 지하철역에 더 가까우니, 이 정도에는 매매되리라 예상하는 식이다.

표준화된 아파트라 간편하게 가격을 매기는 것에 문제가 있다는 의미는 아니다. 부동산의 제대로 된 가치평가는 매매 사례를 비교하는 게 아니라, 부동산이 가져다주는 수익으로 가치를 평가하는 것이라고 보기 때문이다.

서울 아파트의 평균 매매가격은 11억 원이고, 평균 월세가가 보증금 2억 400만 원에 월세 126만 원이라고 가정할 때 이 아파트가 가져오는 수익을 계산해보자.

보증금 2억 400만 원을 5% 예금에 넣어뒀다고 가정하면, 세금 15.4%를 제외한 이자는 연간 863만 원 정도이고, 여기에 월세 126만 원의 12달분 1,512만 원을 더하면 11억 원 아파트의 연간 임대수익은 2,375만 원이 나온다. 2,375만 원을 11억 원으로 나누면 2.2% 수익률이 나오지만, 재산세, 종부세 등 유지 비용을 고려하면 실제로는 더 낮은 수익률이 나올 것이다.

정기예금 금리 1% 시대에는 손해를 안 보고 묻어둘 만한 상품이 아파트이지만, 정기예금 5% 시대에 아파트는 저수익 상품이 되는 것이다. 결국 아파트는 가지고 있어서 돈이 되는 게 아니라, 가격이 올라서 비싸게 팔고 나와야 돈이 된다는 의미다.

현재는 금리가 높아서 문제지만 금리가 다시 하락한다고 아파트 문제가 해결될 것 같지는 않다. 다시 인구 구조로 돌아가야 한다.

서울과 수도권은 지방 인구가 계속 올라오고 있어 상대적으로는 괜찮다. 일자리가 없는 베드타운 성격의 지방, 특히 구도심들은 대안을 찾기 어려워 인구 공백으로 가격 하락 문제가 점점 커질 것이다.

인구가 노령화되면, 아파트를 보는 시각도 바뀌어야 한다. 평지에 병세권이 새롭게 각광받는 곳이 될 수 있다. 병원이 근처에 있어서 필요하면 빠르게 달려갈 수 있는 병세권에, 노령화된 인구가 가까운 거리 도보로 생활하기 편한 평지의 아파트가 재조명될 것이다. 서울과 수도권, 지방 핵심 지역에 일자리가 있는 곳, 노령층이 생활하기 편리하고 보건·복지시설 접근성이 좋은 곳이 마지막까지 가치를 유지하리라 예상한다.

09

세계는 지금 왜
금을 사들이고 있을까?

2023년 현재 세계에서 매년 생산되는 금은 중국(984t)과 인도 (849t) 두 나라가 80% 이상을 가져가고 있다. 인도가 2위라는 사실이 놀라운 사람이 많을 것이다.

사실 국가별 금 보유량을 보면 인도 정부는 10위권 정도라 금이 많은 국가는 아니다. 인도는 정부보다 민간의 금 보유량이 많은 특징이 있다. 미국 정부가 가지고 있는 금이 8100t 정도인데, 인도 국민이 2만 4000t을 가지고 있다. 미국, 독일, 이탈리아, 프랑스, 러시아, 중국, 스위스, 일본, 네덜란드 정부(1~9위)가 가진 금을 합친 것보다 많은 금이 인도 가정에 있는 것이다.

인도 사람들은 옷이나 신발 등 기본적인 소비보다 귀금속에 더 많은 돈을 쓴다. 황금은 힌두교와 관계가 있다. 인도의 주력 종교인 힌두교에 건강과 부를 담당하는 락슈미Lakshmi 여신은 금을 좋아한다고 알려져 있다. 건강과 부를 상징하는 여신이 금을 좋아하다보니 평생 쓸 돈을 한 번에 쏟아붓는다는 결혼식에서 주된 치장을 금으로 한다. 이렇게 금이 전 국민적으로 인기가 있어 인도에는 '금 사기 좋은 날'도 있다. 1년 중 24일이 금 사기 좋은 날로 행사를 한다.

그런데 인도인의 금 선호 심리에 기름을 끼얹는 일이 2016년 발생했다. 나렌드라 모디Narendra Modi 인도 총리가 검은 돈을 근절하겠다고 화폐 개혁을 단행한 것이다. "25만 루피(400만 원) 이상 구권을 신권으로 교환할 때 입금자의 소득을 고려해 정당한 자금인지 조사한다. 스스로 검은 돈이라고 자수하고 은행에 입금하면 입금한 돈의 50%를 소득세로 떼고, 나머지 50% 중의 절반은 신권으로 바로 지불하고 나머지 절반은 4년간 무이자 예치 후에 찾을 수 있도록 해주겠다"고 발표했다. 화폐개혁에 저항해서 구권을 교환하지 않고 가지고 있다가 발견되면 99.5%를 벌금으로 징수하겠다는 내용도 포함되어 있었다.

현금을 가지고 있던 사람들은 손해를 많이 봤지만, 금을 가지고 있는 사람들은 화폐개혁을 피해갈 수 있었다. 그래서 인도 국민은 다시 한 번 락슈미 여신이 옳고, 금이 부를 지키는 답이라는 믿음을 확고히 가지게 된다.

중국의 금 확보 가속화 정책

러시아의 우크라이나 침공으로 금 수요가 추가로 늘어났다. 러시아가 서방에 예치한 자금들이 압류되는 것을 보자, 서방과 관계가 좋지 않은 나라에 압류 위험이 없는 실물 금이 인기를 끈 것이다.

중국도 꾸준하게 금을 확보하고 있다. 2022년 11월 중국 중앙은행의 금 보유량이 오랜만에 보고되었다. 중국은 중앙은행의 금 보유량을 정기적으로 밝히지 않고 몇 년에 한 번씩 공개한다. 중국 중앙은행의 금 보유량이 계단식으로 점프하듯이 늘어나는 것처럼 보이지만, 공개를 몇 년 만에 하니 그렇게 보이는 것이지 실질적으로는 중국이 금을 계속 모으고 있다는 말이다.

중국은 미국 국채 보유 비중을 계속 줄이면서, 금과 원자재 보유량을 최대한 늘리는 모습을 보이고 있다. 중국은 집계에 잡히지 않는 러시아 금 등 여러 경로로 금을 확보하고 있어, 실제 금 보유분은 발표보다 2배 이상으로 보고 있다.

중국은 3대 정책을 통해서도 금 확보를 가속화하고 있다. 3대 정책은 다음과 같다.

첫째, 금 수출 금지다. 중국은 연간 368t을 생산하는 세계 1위의 금 생산국이다. 2위는 러시아로 331t, 3위는 호주로 327t으로 3국이 비슷하고, 4위부터는 100t대로 생산량이 뚝 떨어진다. 중국은 내수를 충족시켜야 한다는 이유로 중국 내에서 생산되는 금의 수출을 금지해서 금의 해외 유출을 방지하고 있다.

둘째, 중국에서 생산하는 금의 전량을 인민은행 산하 금 거래소를 통해서만 거래를 허용한다. 금이 해외로 유출되지 않도록 관리하겠다는 말이다.

셋째, 상하이 금 선물시장의 금 가격을 미국 선물시장의 금 가격보다 높게 유지한다. 금이 자연스럽게 중국에 유입되도록 유도하는 것이다.

이러한 제도와 중국 중앙은행의 금 매수 등으로 중국은 매년 전 세계에서 생산하는 금의 절반 가까이를 빨아들이고 있다. 금 가격이 한 단계 올랐던 이유다.

금은 위기 상황에서 존재감을 보인다

미국 의회는 국방수권법NDAA에 러시아 금을 겨냥하는 새로운 제재를 담는 법안을 진행하고 있다. 러시아가 루블화 대신 금으로 거래 대금을 지불하는 것을 방지하기 위해 러시아 중앙은행과 금을 거래하거나 수송하는 모든 미국 기업은 제재를 받고, 러시아에 금을 파는 미국 기업도 제재를 받는 법이다.

러시아가 금 보유량을 늘렸고, 금을 해외에 보관하지 않고 러시아 영토 안에 있는 중앙은행 금고에 보관시키고 있어 서방의 경제 제재에 버티는 힘이 되고 있어 타깃이 되는 것이다.

세계 중앙은행들도 금을 꽤 사들이고 있다. IMF에 따르면 전 세계 중앙은행의 금 보유량은 3만 6746t으로 1974년 이후 가장 많은 보유량을 보이고 있다. 전 세계 중앙은행의 금 보유량이 3만 6000t인 것을 감안하면, 앞서 말한 인도 국민이 보유한 2만 4000t의 금 보유량은 실로 엄청난 것이다.

세계 중앙은행의 금 매수 규모는 2022년 1분기 87t, 2분기 186t에 이어 3분기 399t으로 빠르게 늘어나고 있고, 이 숫자는 1967년 이후 58년 만에 최대치를 매입하는 규모다.

세계 중앙은행들은 세계 경기 침체 우려가 커지면서, 대표적인 통화가치 방어 수단으로 금을 사들이고 있다고 그 이유를 밝혔다.

금융위기가 발생하면 신흥국의 자금이 빠르게 빠져나가면서 통화 가치가 급락하는데, 이때 금 가격은 오르니 중앙은행들은 금 투자로 높은 수익률을 기대하기 보다 안전판 역할로 금을 사들이는 것이라는 답변이다.

2008년 금융위기 때 S&P500가 37.4% 추락하는 동안 금은 16.3% 올랐고, 2020년에는 팬데믹 상황에서는 국제 금값이 사상 처음으로 온스당 2000달러를 넘기는 등 금은 위기 상황에서 한 번씩 존재감을 보이는 존재다.

메르의 인사이트

금 투자는 평상시에는 돈이 안 되는 투자다. 배당을 주는 것도 아니고, 기업처럼 성장의 과실을 공유하지도 못하기 때문이다. 하지만 큰 위기 상황에 재산을 지키는 포트폴리오로 존재감을 한 번씩 드러내는 성격을 가지고 있다.

5장

자신만의 관점을
만들고 키워라

01
좋은 결과가 나오는
투자들의 공통점

몇 년 전 저금리 시기의 이야기다. 공유 오피스 건물 투자와 관련해서 안건이 올라왔다. 서울 강남역에 있는 빌딩으로 일부를 제외하고 공유 오피스 회사가 모두 임차하고 있는 건이었다. 공유 오피스 회사가 매달 내는 월세로 투자금에 대한 이자를 내고 원금도 조금씩 상환하다가, 건물 가치가 오르면 팔아서 수익을 얻는 계획이었다. 1층 커피숍 외에는 건물 전체를 한 회사가 다 사용하고 있어 공실 걱정 없이 월세를 꼬박꼬박 받을 수 있는 건이라 표면상 안정적으로 보였다.

임차인인 공유 오피스 회사도 업계에서 세계 1위라 돈이 없어 월세를 내지 못할 상황은 발생하지 않을 것 같았다. 고정된 임대료가 꼬박꼬박 들어오는 수익성 부동산은 일반적으로 편안하게 투자를 결정할 수 있다.

이런 임차인들은 건물 전체를 써서 공실 없이 운용을 해주는 장점이 있지만, 장기 계약이 되어 있어 시장금리가 올라도 계약 기간이 끝나지 않은 시점에서 월세를 쉽게 올리지 못하는 단점이 있다. 기껏해야 계약 조건에 '소비자 물가상승율에 연계해서 임대료를 올린다'는 정도의 조항만 넣을 수 있다.

사실 개인이 하는 상가 투자도 규모는 작지만 구조는 비슷하다. 1억 원짜리 상가를 사서 보증금 500만 원, 월 50만 원에 임대를 줬다면, 대략 6% 정도 수익률이 나오는 셈이다. 하지만 상가 소유자 입장에서 월세가 모두 수익이 아니다.

한 번씩 임차인이 바뀔 때마다 중개 수수료가 나가고, 임차인이 바뀌는 과정에서 연결이 매끄럽지 못하면 한두 달 월세를 받지 못하고 공실이 될 수도 있다. 각종 세금도 적지 않게 나오고, 보유 상가가 많을 경우 임차 관리인을 별도로 둬야 할 정도로 바람 잘 날 없이 사건도 다양하게 터진다.

정기예금 금리 1% 시대에는 공실 위험, 임차인의 문제, 세금 문제를 고려해도 이만한 수익률이 없다고 생각할 수 있다. 하지만 지금같이 금리가 올라가는 상황에서는 6% 월세를 받는 것보다 은행에 5%짜리 예금을 맡겨놓는 게 마음도 편하고 경제적이다. 금리가 오르면 상가와 같은 수익성 부동산의 가치가 떨어진다는 의미다.

2~3년 투자하고 매매하는 방식이 아니라 최소 5년에서 보통 10년 이상 묻어두는 투자를 하는 상황에서는 금리가 올라갈 때의 가치 하락을 감안하지 않을 수 없다. 당시에는 불과 2년 뒤에 미국 연준이 이렇게 금리를 올릴 수 있다고 상상하지 못했던 저금리 시기라, 나의 부결 사인에 영업팀장의 어이없어 하는 표정이 떠오른다. 지금은 살았다고 가슴을 쓸어내리고 있을 것이다. 그만큼 부동산은 금리에 가치가 크게 오르락내리락하는 민감한 물건이다.

직접 사람을 만나는 이유

명함집이 이제 6권이나 된다. 명함 관리 앱에 명함을 업로드하긴 하지만, 받은 것을 버리기도 애매해서 명함집에 모으고 있다. 명함집을 뒤적이다 서브프라임 모기지 회사의 임원들 명함을 보면서 당시 상황이 떠올랐다.

이 명함의 주인은 2008년 금융위기 때 망한 미국 캘리포니아의 서브프라임 모기지 회사에 다녔다. 금융위기의 주범인 서브프라임 모기지 회사를 금융위기가 터지기 2년 전에 가본 셈이었다. 이

회사를 보고 모기지 시장에 문제가 있다는 확신을 가져 주택담보대출에 보험을 들었고, 큰 타격 없이 금융위기를 극복할 수 있었다.

일하면서 동료들로부터 "서류를 보면 되는데 왜 직접 사람을 만나고 현장에 찾아가나요?"라는 질문을 받곤 했는데 나의 대답은 다음 에피소드로 대신하려고 한다.

당시 이 회사 임원들과 면담을 했다. 영업과 마케팅을 담당하는 임원들은 자신감에 차 있고 실적에 대한 욕망을 보여주는 반면, 위험관리를 담당하는 임원은 외톨이에 의기소침한 태도와 답변으로 일관하고 있었다. CEO 역시 돈을 버는 이야기만 하지, 돈을 잃는 이야기는 2시간 넘게 이어진 회의에서 한 번도 언급하지 않았다. (당시 상황은 '06. 기업의 가치를 판단할 때 무엇을 봐야 할까?'에서 좀 더 생생하게 설명했으니 참고하자.) 보통 '촉이 온다'고 표현하는데, 느낌이 좋지 않은 경우 면밀히 검토해 봐야겠다는 생각이 든다.

직접 면담을 하는 의미는 크게 2가지다. 이처럼 감을 잡는 계기가 될 수 있고, 문서로 어느 정도 파악된 내용을 마지막으로 확인하는 시간이 되기도 한다.

명함집을 뒤적이다 보면 미국 금융투자회사 메릴린치, 미국 투자 은행 리먼 브라더스, 스위스 투자 은행 크레딧스위스에서 일했던 사람들의 명함이 있다. 모두 망한 회사들이다. 공통점은 회사가 망해도 경쟁력이 있는 개인은 망하지 않았다는 점이다. 좀 똑똑하다 싶은 사람들은 회사가 망해도 얼마 시간이 지나지 않아서 다른 회사의 명함을 가지고 나타나곤 했다.

하지만 일머리가 없고, 일하기를 꺼리며, 평판이 나쁘고, 능력이 부족한 사람들은 회사가 망하는 순간 회사와 함께 사라지는 경우가 대부분이었다. 특히 일에 대한 성의가 없는 경우, 본인은 표시를 내지 않는다고 하지만 잠시 같이 일을 해보면 알게 된다.

투자도 다르지 않다. '거래상대방 위험'을 잘 봐야 한다. 투자 시 서류만 보지 않고 직접 만나보는 것은 이런 위험을 줄여 제대로 된 상대방과 거래를 진행하려는 취지다.

성형수술과 투자의 공통점

표적집단면접조사FGI·Focus Group Interview라는 집단 인터뷰 방식이 있다. 보통 10~15명의 사람을 그룹으로 묶어서 심층 인터뷰하는 것을 의미하는데, 결과를 도출하기 위해 타깃이 되는 수천 명의 사람을 대상으로 하거나, 10명 단위의 100명 이내의 사람들을 대상으로 진행할 수도 있다.

개인적인 질문과 답변이 필요하거나, 여러 명을 한자리에 모으기 힘든 전문직일 경우 일대일 개별 심층 면접을 하는 등 인터뷰 방식은 상황과 대상에 따라 달라진다.

FGI는 모더레이터Moderator라고 부르는 진행자가 회의실에 모인 사람들에게 미리 준비된 질문을 하면서 대상자의 생각을 알아내는 방법이다.

FGI가 진행되는 회의실의 한쪽 벽면에는 큰 거울이 있다. 이 뒤쪽은 범죄 영화에 나오는 취조실 거울과 구조가 같은 미러룸이다. 미러룸 뒤쪽에는 참석자 간에 어떤 이야기가 오가는지 궁금해하는 사람들이 앉아 있다.

거울 뒷면이 이런 구조인 것을 아는 참석자들도 있지만, 모르는 참석자들도 많아 재미있는 일도 많이 생긴다. 미러룸을 일반 거울인 줄 알고, 쉬는 시간에 거울을 보면서 화장을 고치거나 이를 쑤시고, 때론 매무새를 가다듬기도 한다.

인터뷰가 길어지면 잠깐 쉬는 시간이 주어지고 모더레이터는 퇴장한다. 이때 참석자 간에 나누는 대화도 재미있는 광경이다. 이 자리에서 처음 보는 사람들이 쉬는 시간에 서로 인사를 나누면서 많은 말이 쏟아진다.

한번은 강남 성형외과 간호사들을 대상으로 FGI를 한 적이 있다. 간호사들이 하는 이야기 중에 수술 비용 할인 이야기가 있었다. 요즘은 성형 카페 등에서 할인을 많이 받아 거의 반값에 성형수술을 하는 손님이 많다고 한다. 모더레이터의 귀에는 레시버Receiver(수

신기)가 꽂혀 있어서 미러룸에서 전달받은 질문을 추가로 할 수 있다. 말도 안 되는 질문이지만 개인적으로 궁금해서 모더레이터에게 질문을 요청했다.

"반값 할인 성형수술과 제값 내는 성형수술에 차이가 있나요?"

한 간호사의 답변이 재미있었다.

"의사 선생님의 수술 방법, 수술에 들어가는 장비, 약품 등은 할인을 하나 정상가로 오나 차이가 없어요. 그런데 바늘땀이 달라요."

이분의 답변에 다른 간호사분도 "맞아요" 하면서 이구동성으로 동의하는데 처음에는 무슨 말인가 했다. 의사와 간호사가 일부러 그러는 것은 아닌데, 이상하게 제값을 낸 사람과 할인을 많이 받은 사람들의 수술 결과가 미세하게 차이가 난다는 것이다.

메르의 인사이트

투자도 마찬가지다. 당시에는 잘 느끼지 못하고 거래하지만, 가격이 싼 것은 이유가 있고 비싼 것은 비싼 가치를 하는 경우가 많다. 투자하려는 건의 협상 과정에서 요구하는 조건이 쉽게 수용되면 좋아할 게 아니라, 내가 모르는 문제가 있는 게 아닌지 긴장해야 한다. '좀 비싸기는 해도 괜찮은 물건에 투자했다'라는 생각이 들 때 보통 좋은 투자 결과가 나왔다.

02
핵심 정보로
나만의 경쟁력 쌓기

글로벌 이코노미스트 버나드 보몰이 쓴《세계 경제지표의 비밀 The secrets of Economic Indicators》이라는 책이 있다. 어떤 경제지표가 어디에서 언제 발표되고, 경제지표를 어떻게 읽고 해석해야 하는지 나와 있다.

처음부터 끝까지 읽기보다 궁금한 경제지표가 있을 때 사전처럼 곁에 두고 찾아볼 수 있어 10년 가까이 유용하게 활용하고 있다. 이 책에 경제지표가 발표되는 과정을 생생하게 그리고 있으니 참고해보자.

주식시장에 가장 큰 영향을 미치는 경제지표는 다음과 같다.

1. 고용현황보고서(실업률)

2. 공급관리자협회 제조업 보고서

3. 주간 실업수당 신청 건수

4. 소비자물가

5. 생산자물가

6. 소매판매

7. 소비자 신뢰 심리조사

8. 개인 소득과 지출

9. 내구재 주문

10. 국내총생산

이 경제지표만으로 주가가 출렁거리는 것은 아니지만 이 경제지표 발표 시점에 맞춰 크든 작든 변화가 생긴다.

개인 투자자들을 위한 지표 1

개인 투자자의 문제는 경제지표가 언제, 어디서 발표되는지도 모르고, 그 경제지표가 어디에 쓰이고 어떤 의미인지도 알기 쉽지 않다는 점이다.

정보는 다양한 곳에서 얻을 수 있다. 개인적으로 조선, 해운, 물류 등에 관심이 많은데, 정보를 얻고 크로스 체크Cross Check를 하기 위해 '마린트래픽'을 활용한다. 마린트래픽은 전 세계에 있는 배들의 위치를 알려주는 사이트(https://www.marinetraffic.com)와 앱이다.

이 사이트에서는 배의 흐름을 한눈에 파악하거나 배 한 척 한 척의 경로도 볼 수 있다. 앱으로도 확인할 수 있으며 '배의 이동 경로와 현재 속도, 배의 국적'까지 알 수 있어 활용하면 쓸 만한 정보를 실시간으로 얻을 수 있다.

과거 수에즈 운하에 큰 배가 좌초해서 전 세계 물류가 꽉 막혔던 적이 있다. 당시 어느 정도의 배들이 수에즈 운하를 지나가지 못해 대기하고 있고, 어떤 배들이 대기하지 못하고 아프리카를 우회하는지 실시간으로 알 수 있었다. 물류가 막힌 정도를 알면 그 영향을 추측하고 예상하는 데 정확도가 올라간다.

코로나19로 '미국 항만의 하역 작업이 중단되어 배들이 물건을 싣고 내리지 못하고 있다'는 기사가 나온 적이 있다. 기사를 그대로 받아들이면 안 되고, 항상 크로스 체크하는 습관을 가져야 한다. 미국 항만에서 멈춰 있는지, 적체가 어느 정도인지 직접 마린트래픽으로 실시간 확인하면 감이 잡힌다.

마린트래픽을 보면 재미있는 정보도 파악할 수 있다. 러시아의 천연가스와 기름이 미국과 EU의 규제로 묶일 때 어디로 흘러가는 지도 짐작을 할 수 있다. 러시아산 천연가스와 기름을 실은 LNG 운반선과 유조선은 인도로 많이 들어가는 게 보인다.

물론 러시아에서 인도로 바로 들어가지 않는다. 마린트래픽으로 보면 '엘란드라 데날리'라는 유조선이 지브롤터 해협 인근 바다 위에서 흑해와 발트해의 러시아 항구에서 출발한 3척의 유조선과 붙어 있는 모습을 볼 수 있다. 러시아산 기름을 중간 해상에서 넘겨받아서, 러시아 항구에 들어가지 않고 기름을 수입하는 것이다.

러시아산 기름을 실은 유조선이 사우디로 들어가기도 한다. 산유국 사우디로 러시아의 유조선이 들어간다는 것이 상식적이지 않지만 사실이다. 기름에 표시가 되어 있지 않으니 싸게 러시아산 기름을 받아서 사우디산 기름으로 수출하는 것이다.

나는 오랜 기간 선박의 트래킹이 필요해서 유료로 사용 중이지만, 이 앱을 무료로 사용해도 많은 정보를 얻고 기사를 크로스 체크 해볼 수 있다.

개인 투자자들을 위한 지표 2

선박의 경로를 마린트래픽으로 확인할 수 있다면, 비행 정보는 플라이트레이더24 사이트(https://www.flightradar24.com)와 앱에서 확인할 수 있다.

하와이 호놀룰루에서 이륙한 미국 비행기 한 대를 플라이트레이더24로 실시간 지켜본 적이 있다. 그 비행기는 미국 하원 낸시 펠로시Nancy Pelosi 의장이 탄 비행기였다. 펠로시는 천안문 사태에 항의하는 의미로 천안문을 방문해 민주주의를 위해 희생한 사람들을 추모하는 현수막을 들고 촬영하기도 하고, 트럼프가 연설하고 나가는 바로 뒤에서 트럼프의 연설문을 찢어버리는 퍼포먼스를 보여준 강성 의원이다.

펠로시는 하원의장에 더 이상 출마하지 않겠다고 은퇴를 암시한 후, 아시아를 순방 중이었는데 한국, 일본, 싱가포르, 말레이시아는 방문이 확정되었으나, 대만 방문의 여지를 남겨두고 있어 중국이 강력하게 반발하는 상황이었다.

시진핑은 미중 정상 통화에서 "불장난을 하면 반드시 불에 타 죽는다"며 펠로시 의장을 향한 경고 메시지를 보냈고, 중국 관영매체 〈글로벌 타임스〉는 30일 사설을 통해 "필요할 경우 미사일 발사 제한 설정을 해제하고 탄도미사일 발사 시험을 실시할 수도 있다"

며 "중국군은 민감한 시기 동안 펠로시가 탑승한 항공기를 감시할 것이다. 우리의 공역에서 포착됐을 경우 중국 전투기는 경고, 추격, 요격, 전자전, 강제 착륙에 나설 수 있다"고 경고하기도 했다.

당시 "대만에 가까운 푸젠성에는 대만 본토 타격이 가능한 방사포가 집결하고 있고, 펠로시가 탄 비행기가 대만을 향해 다가온다면 공중에서 격추하라"고 했다고 중국의 준 공영 언론사인 〈환구시보〉편집인이 공공연하게 이야기하기도 했었다.

가장 강력한 반중 정치인으로 꼽히는 1940년생 펠로시 의장이 36년 의정활동을 마무리하는 시점에 대만을 방문할 것인지 여부와, 대만을 방문한다면 중국은 어떤 행동을 보일 것인지 세계가 주목하는 상황이었다.

펠로시가 탄 비행기가 이륙했고 방향이 대만 쪽이 아니라 김이 새려는 찰라, 미묘하게 방향이 바뀌는 것이 보였다. 대만을 가되 중국 공격권을 피해 우회해서 비행을 한 것이다. 이런 모니터링은 단순한 호기심이 아니다. 펠로시가 대만을 방문하자 홍콩 증시가 폭락하며 시장에 반응이 바로 왔다.

이 무료 앱 하나만으로도 이렇게 시장에 영향을 미치는 사건을 실시간으로 보면서 판단을 할 수 있다. 이처럼 나만의 정보 입수법을 하나씩 늘려나가면 경쟁력을 높일 수 있다.

정보를 가공하는 실력도 중요하다. 대학교 1학년 때는 시간 여유가 있어 전공과 관계없는 6개월 과정의 C언어, 자바 등 코딩과 알고리즘 강의를 수료했다. 이때 배운 것이 두고두고 써먹는 재산이 되었다. 이후, SAS Statistical Analysis System 통계 패키지에 대한 책을 한 권 사서 공부했는데 C언어 프로그램 기초가 있어 크게 어렵지 않았다.

이때부터 새로운 세상이 열렸다. 남들이 알려주는 분석 결과가 아니라, 내가 보고 싶은 것을 직접 분석할 수 있었기 때문이다. '남들과 다르게 볼 수 있다'는 점은 사회생활에서 강력한 힘이 된다.

요즘은 파이선 Python으로 프로그래밍하는 것을 즐긴다. C언어보다 훨씬 쉽고 진입 장벽이 낮아, 현재 하고 있는 일이 미래에 전망이 없어 다른 분야에 도전하고 싶은 사람들에게 파이선을 추천한다. 누군가 돈을 벌면 누군가 돈을 잃어야 하는 시장에서 손해 보지 않고 살아가려면, 남들과 다른 무기 하나쯤은 가지고 있는 게 좋다.

메르의 인사이트

단점을 보완하기보다 강점을 강화하자. 이런 사소한 정보와 여러 툴을 사용할 수 있으면 강한 힘을 발휘할 수 있다. 개인기를 키워야 하는 시대다.

03
쓸 만한 정보는
어디에서 찾을까?

일주일에 한 번은 도서관에 간다. 도서관이 월요일에 쉬기 때문에 주말 중 편한 시간에 이용한다. 한 번 이용할 때 도서를 최대 5권까지 빌릴 수 있는데 1시간쯤 고르다 보면 권 수가 채워진다. 최근 3개월간 40권을 빌렸으니 한 달에 14권 정도 빌려서 읽는 셈이다.

내 블로그에서 땀과 관련한 글은 사라 에버츠의 《땀의 과학》의 핵심 내용을 요약한 것이고, 정기적으로 업데이트하는 희토류 이야기의 일부에는 김동환의 《희토류 자원전쟁》과 데이비드 S. 에이브러햄의 《희토류 전쟁》 2권의 책 내용이 포함되어 있다.

이 두 도서의 차이점은 한쪽은 중국, 한쪽은 미국 시각이 강하게 들어 있다는 점이다. 나는 양쪽 이야기를 다 들어봐야 균형을 잡을 수 있다고 본다. 두 주장의 중간을 선택하는 '산술적인 균형'이 아니라 내 생각을 정하는 '생각의 균형'이 필요하다.

물론 책만으로 전체 흐름이 다 잡히는 것은 아니다. 보통 책의 저자들은 친절하지 않아서 군데군데 이해가 가지 않는 흐름상 빈틈이 보이는 경우가 많다. 이 빈틈을 채워서 흐름을 완성하면 오직 나만의 정보가 된다.

최근에는 제임스 오언 웨더롤의 《돈의 물리학》을 읽었다. 월스트리트에서 원하는 사람들이 MBA나 경제학 박사가 아니라 물리학자, 천문학자들로 바뀌고 있는 현황과 다양한 분석 방법이 인상 깊었다.

저자는 미국 하버드대학 물리학과를 수석 졸업하고, 7년 만에 하버드대학, 스티븐스공과대학, 캘리포니아대학에서 물리학 박사와 철학 박사 학위를 딴 후, 20대에 교수가 된 사람이다. 물리학자의 시각으로 확률론, 통계적 분포, 정보 이론, 복잡계 등을 투자와 연결시키는 과정이 흥미롭지만 쉬운 책은 아니다.

책을 빌릴 때 실패를 많이 한다. 제목이나 목차 정도만 보고 빌려오면 쓸 만한 내용이 없는 경우도 허다하다. 하지만 무료로 빌린 것이니 타격이 없는 게 도서관 대출의 가장 큰 장점이다.

가끔 보고 싶은 책이 없을 때는 구입을 신청하기도 한다. 그러면 대부분 한 달이 지나지 않아 신간이 도착했다는 문자가 온다. 도서 신청 제도는 적극적으로 활용하면 쓸모가 많다.

책은 단점과 장점을 동시에 가지고 있다. 단점은 과거 이야기라는 것이다. 책을 쓰고 편집 과정을 거쳐 서점에 나오기 때문에 최소 6개월에서 1년 전의 이야기가 책 속에 있을 수밖에 없다. 하지만 인터넷 검색으로는 알기 힘든 구체적이고 자세한 사항을 알 수 있는 장점이 있다. 책과 구글링의 최신 정보가 합쳐지면 쓸 만한 흐름이 잡힌다. 여기에 10년 이상 매일 검토하는 내부 보고서의 기억이 합쳐져서 정리된 정보가 만들어진다.

▌메르의 인사이트

평범한 결론 같지만 정보를 얻는 곳 중 한 곳이 도서관이다. 하지만 단순하게 책을 읽는다고 정보가 되지 않는다. 반드시 내 생각이 되어야 한다. 생각을 정리하는 가장 좋은 방법은 글을 쓰는 것이다. 글을 쓰면서 빈틈을 확인해 채울 수 있고 흐름을 명확하게 그려 나갈 수 있다.

04
최고의 매수 타이밍을 잡는 법

러시아가 핵 공격을 하거나 북한이 핵실험을 해서 주가가 폭락하면, 투자가로서 우리는 어떤 행동을 해야 할까? 남들이 요오드를 사고 라면을 살 때 투자자라면 해야 할 일이 따로 있다. 매수 타이밍을 잡는 일이다.

경제 외적인 이슈로 대형주 중심의 S&P500 주가지수가 크게 움직이는 경우가 있다. 어떤 사람은 도망을 가고 어떤 사람들은 매수를 한다. 이때 매수하는 사람들의 승률이 보통 높다. 매수하는 사람들에게는 나름 근거가 있기 때문이다.

내부 보고서를 하나 검토한 적이 있다. '외부 이벤트로 주가지수가 급락했을 때 주식을 매수하는 경우의 수익률과 매수한 주식을 얼마 동안 보유할 때 수익률이 최대가 되는가'에 대해 분석한 내용이다.

1956년 10월 23일 시작된 헝가리 혁명부터 쿠바 미사일 위기, 프라하의 봄, 이란 혁명, 소련의 아프가니스탄 침공, 중국의 천안문 사태, 북한의 첫 번째 핵실험, 미국 리먼 브라더스 파산, 한국 천안함 폭침, 러시아의 크림반도 침략 등 경제 외적인 이슈로 증시가 10% 이상 폭락한 적이 70년간 56회 있었다.

결론을 이야기하면, 위와 같은 경제 외적인 이슈가 생겨 주식이 급락하면 '주식을 매수한 후, 한 달간 가지고 있다가 매각'할 때 수익률이 가장 극대화할 가능성이 크다는 게 과거 통계다.

물론 과거가 현재와 미래에 무조건 반복되지는 않는다. 비정상적으로 사람들의 심리가 한쪽으로 쏠리면서, 현실보다 과하게 시장이 반응할 때 기회가 생기기도 한다는 정도로 보면 된다. 앞서 발생한 56건의 사례를 보면, 한 달 보유 후 매각 시 평균 11%의 수익률이 나왔고, 이것을 연간으로 환산하면 130%가 넘는 수익률이다.

주식은 남들이 공포로 도망칠 때 큰 수익을 얻을 수 있는 묘한 종목이다. 이렇게 남들과 다른 판단을 할 수 있으려면, 남들과 다르게 보는 시각을 가져야 한다. '국민연금이 한국 주식 비중을 더 줄이니, 동학 개미 어쩌나'라는 제목의 기사를 본 적이 있다. 이런 기사를 보면 기사는 쓰기 나름이라는 생각이 든다.

일단 국민연금이 2027년까지 현재 16.3%인 한국 주식 비중을 14%까지 줄인다는 것은 사실이다. 기자는 이 사실을 바탕으로 국민연금의 한국 주식 비중이 줄어들고, 그만큼 주식시장에서 돈이 빠져나가니 주가가 하락하는 게 아닌가 하는 시각으로 기사를 썼다.

하지만 실체를 알고 다르게 보면 내용이 완전히 달라진다. 2038년까지 연금 지출보다 수입이 많아서 국민연금은 계속 늘고 있다. 국민연금이 한국 증시에 투자하는 비중이 16.3%에서 14%로 비중이 줄어들더라도 국민연금 자체가 늘어나는 금액이 워낙 커서, 국민연금은 2027년까지 한국 주식을 27조 원 더 사게 되는 것이다. 2024년부터 매년 5조 원 이상 국민연금이 한국 주식시장에 계속 들어온다는 의미다.

결론적으로 16.3%를 14.0%로 줄인다는 것도 맞는 말이고, 매년 5조 원이 계속 더 들어온다는 것도 맞는 말이다. 어느 쪽을 보고 판단하는지에 따라 투자 결과가 완전히 바뀔 뿐이다.

◢메르의 인사이트

신문기사 제목을 그대로 믿으면 안 된다. 조회수를 노리고, 같은 내용을 자극적이게 해석하는 경우를 자주 본다. 하지만 나만의 시각을 갖고 기회를 발견해도 현금이 없으면 그림의 떡이다. 일부를 현금으로 남겨두는 것은 대부분 옳은 선택이다.

05

연결해서 생각하면
타율이 높아진다

베네수엘라에서 나는 기름은 '초중질유'라는 특이한 기름이다. 보통 기름을 정제하면 가솔린, 디젤유 등이 많이 나오는데, 베네수엘라 기름은 벙커C유와 아스팔트가 많이 나오고 황 성분이 많아 오염이 심한 찐득찐득한 기름이다. 그래서 파이프라인이 찐득한 기름으로 안 막히려면 맑은 기름을 섞고, 황 성분도 없애야 해서 쓸 만한 석유를 만들려면 다른 나라보다 비용이 많이 들고, 고급 정제 기술도 필요하다.

베네수엘라의 수입은 90%가 기름을 팔아서 버는 돈이다. 그래서 유가가 70달러 정도 나와야 수출입의 균형이 맞고 국가 재정이 돌아가는데 기름값이 하락하며 문제가 생겼다. 베네수엘라 기름의 최대 수입국은 미국이었는데, 미국에서 셰일 기름이 쏟아져 나오기 시작한 것이다. 미국이 석유 수입국에서 수출까지 가능한 나라가 되자, 미국 입장에서 베네수엘라의 중요성이 크게 떨어졌다. 미국에서 맑은 고급 경질유가 나오니 베네수엘라 기름을 수입할 필요가 줄어든 것이다.

미국은 베네수엘라에 석유 수입을 줄인 반면, 베네수엘라는 미국 기름이 필요한 상황이 돼버렸다. 베네수엘라산 찐득한 기름을 파이프라인에서 뽑아내기 위해서는 미국의 맑은 기름을 섞어야 하기 때문이다.

베네수엘라의 전 대통령인 차베스는 운이 대단히 좋았다. 차베스가 정권을 잡자 국제 유가가 계속 올라갔다. 나라 전체 수입의 90%가 기름을 팔아서 버는 돈이라 기름값이 올라가자 베네수엘라는 엄청난 재정 흑자가 났다. 차베스는 무상복지, 무상주택 등 돈을 펑펑 써댔고, 기름값이 오르는 게 주춤하니 외국계 정유회사들을 국유화해서 그 수입으로 금수저 생활을 유지했다.

좋은 시절을 누린 차베스가 암으로 갑자기 죽고 니콜라스 마두로Nicolas Maduro가 후임이 되었다. 마두로의 아버지는 우리로 치면 노조 위원장급인 노조 간부였고, 마두로도 노조 간부 출신으로 무식하고 일머리는 없지만, 조직 관리와 선동을 잘하는 사람이었다.

마두로는 차베스와 달리 운이 좋지는 않았다. 차베스 정권을 이어받자 귀신이라도 들린 듯 그때부터 국제 유가가 떨어지기 시작한 것이다.

석유 값이 내려 돈은 안 들어오는데 무상복지를 중단할 수가 없어 경제가 슬슬 망가졌다. 일부 극렬 지지자들을 제외하고는 국민이 돌아서기 시작했다. 2015년 총선에서 야권이 70%의 의석을 차지해 여소 야대급이 아니라 여당이 아무것도 할 수 없는 군소 정당이 돼버린 것이다.

마두로는 제헌의회를 만들어 여소 야대를 깨버린다. 제헌의회는 마두로 표현에 의하면 민중의 대표다. 노조, 여성, 성소수자, 학생, 장애인 등 각 분야의 대표 500명을 선발해 구성한 의회였다. 제헌의회가 만들어지자 제헌의회는 자기들이 최고 권력기관이라고 선언한 후, 선거관리위원회 위원들과 대법원 등 법원 쪽을 자기 사람들로 교체했다. 제헌의회를 만들고, 선관위원들을 교체한 후 지방선거를 실시했더니 야권에서 지방선거를 보이콧했다.

야당이 선거를 보이콧하니 국민의 20%도 투표를 하지 않아서 360만 명이 투표에 참여한 걸로 출구조사가 나왔다. 반전은 출구조사에 참여한 국민은 360만 명인데, 집계는 800만 명 이상이 투표한 걸로 나온 것이다. 당시 선거시스템 관리를 맡았던 회사 대표가 외국으로 도주해 투표 수를 조작했다고 폭로하기도 했다.

2018년 대통령 선거를 했다. 마두로는 지방선거에 후보를 낸 정당들만 대통령 선거에 후보를 낼 수 있다고 발표를 했다. 야권이 지방선거를 보이콧했으니, 야권은 대통령 후보를 선출할 수 없고 우리끼리 후보를 내서 대선을 치르겠다는 말이었다.

경쟁자가 없어 마두로가 대통령 재선에 성공했지만, 국회는 대통령 선거가 무효라고 선언하고 국회의장 후안 과이도Juan Guaidó를 임시 대통령으로 내세운다. 이때부터 한 나라에 2명의 대통령이 생긴다.

러시아, 중국, 북한, 쿠바, 이란 등이 마두로를 지지하고, 미국, 독일, 영국, 프랑스, 스페인, 일본, 한국 등이 과이도를 지지한다. 마두로가 몇 달 못 버틸 거 같은 분위기가 형성되었지만, 의회, 군대, 법원, 선관위를 모두 마두로가 장악하고 있고 극렬 지지층이 있어 정권이 현재도 유지되고 있다.

마두로의 30% 마진룰 정책

단순하게 유가만 떨어져서 베네수엘라에 문제가 생긴 것은 아니다. 마두로가 만든 30% 마진룰이 생각보다 크게 시장경제를 망가트렸다. 30% 마진룰은 '30% 이상 판매 마진을 취하면 구속하거나 기업 국유화 등 법적 처벌을 받게 하겠다'는 법률이다. '마진 30% 정도면 충분한 것 아니냐? 그 이상이면 폭리다'라는 논리는 선하고 그럴듯해 보였다.

배추 농사를 예로 들어보자. 배추 농사는 생산원가는 큰 차이가 없는데 판매 가격의 변동이 극심한 업종이다. 배춧값이 한 포기에 1,000원 하다가 때로는 5,000원 이상 올라가는 일도 생긴다. 배추의 생산원가가 2,000원이라면 배춧값이 1,000원일 때는 손해를 봐도, 몇 년에 한 번 5,000원까지 올라가면 돈을 쥐어서 빚을 갚으며 유지를 했다. 이런 농업에 30% 마진률을 적용하니 배춧값이 1,000원일 때는 손해를 보고, 배춧값이 5,000원이 된다고 하더라도 2,600원 이상 받을 수 없게 돼버린 것이다.

어떤 농부들은 배추 농사를 포기했고, 어떤 농부들은 배춧값이 오르면 배추를 국내에 풀지 않고 몰래 인근국으로 수출을 해버렸다.

이 법률을 시행하자 3년 만에 베네수엘라 기업체 80%가 사라졌고, 농부와 목축업자 등도 시장에 물량을 풀지 않았다. 공급이 줄어들어 가격이 오르는 악순환이 시작되었고, 엄청난 인플레이션의 발단이 되었다.

인플레이션과 함께 정부 기능이 마비되자 우후죽순 갱단들이 생겼다. 소총, 수류탄, 유탄발사기 등을 갖춰 경찰보다 무장 상태가 좋아, 경찰을 몰아내고 갱단이 실질적인 통치를 하는 지역이 늘어났으며, 베네수엘라의 수도 카라카스조차도 갱단이 통치하는 지역이 더 많아졌다.

카라카스만 하더라도, 살인 범죄율이 10만 명당 233명 수준이다. 대략 1500세대 규모의 아파트 단지에서 매달 살인 사건이 일어나는 정도라 베네수엘라는 멕시코, 브라질 등을 제치고 살인 범죄율에서 세계 1위가 되었다.

차베스는 본인도 대령 시절에 쿠데타를 시도한 적이 있어 군인과 경찰을 믿지 않았다. 차베스가 경찰 대신에 민병대를 육성하고 민간에 총기를 뿌려 공식적인 치안이 무력화된 상태다. 다만, 총알 공급이 잘되지 않아 총기 강도는 최근 주춤한 것으로 알려졌다.

이렇다 보니 베네수엘라의 인구는 계속 줄어들고 있다. 2017년 3200만 명이던 인구는 2020년 2800만 명으로 줄어들었고, 2022년에는 2400만 명 수준으로 추정된다. 현재 우크라이나보다 베네수엘라 난민이 더 많고, 680만 명의 난민이 주변국으로 넘어간 상황이다.

베네수엘라는 5년째 2명의 대통령이 존재하는 나라로 통치되고 있다. 미국 등 과이도를 지지하는 쪽은 공정하고 투명한 대통령 선거를 다시 치르면 규제를 풀겠다고 하지만, 마두로는 이를 무시하고 있다. 마두로는 요새화된 대통령 관저에만 머물며, 수도 카라카스의 일부 핵심 지역만 관리하고 있다.

월급을 받지 못한 공무원과 경찰들이 계속 이탈하고, 상당수는 갱단에 합류해서 원조 물자나 광산 등의 천연자원을 놓고 조직 간 전쟁을 벌이고 있다.

베네수엘라의 원유 매장량은 어마어마하다. 2조 배럴의 가채매장량이 있을 것으로 추정한다. 미국 자원국이 보수적으로 추정한 숫자도 5000억 배럴이다. 베네수엘라를 제외한 전 세계 가채매장량을 다 합쳐도 1조 3000억 배럴인데, 베네수엘라 한 곳에서만 2조 배럴이 있다.

묻혀 있는 석유의 양만 따지면 미국은 베네수엘라만 손에 넣으면 중동에 갈 필요가 없다. 다만, 베네수엘라 석유의 질이 많이 떨어지기 때문에 석유 질이 좋은 중동으로 간 것이다.

베네수엘라의 원유 매장량은 엄청나지만, 많은 정제 비용이 들어가는 기름이라 세계 원유 시장에 영향력을 발휘하지 못한다. 석유 산업은 모험적인 투자가 지속해서 필요한 산업이다. 특정 유정에서 기름이 언제까지 나올지 정확히 알 수 없어 계속해서 신규 유전을 개발해야 한다. 베네수엘라의 찐득한 기름을 효율적으로 정제하기 위한 정유시설 개선과 유지에 꾸준한 투자가 필요한데, 선심성 복지에 예산이 집중되면서 유가가 높을 때도 벌어들인 수익금을 비축해두지 못했다.

사우디의 국영석유기업 아람코는 막대한 재정 흑자를 그대로 금융자산으로 가지고 있다. 수십 년간 쌓아온 자금으로 저유가 시대를 견디면서 기름값에 대한 치킨게임도 벌여가며 버티고 있지만, 베네수엘라는 돈을 버는 대로 족족 모두 써버렸으니 유가가 떨어지는 상황에선 그저 몰락할 수밖에 없었던 것이다.

◤메르의 인사이트

일반적으로 경제와 정치를 별개의 영역으로 보고 연결해서 생각하지 못한다. 하지만 의외로 경제와 정치는 밀접하게 서로 영향을 주고받는다. 특히 중국 등 정치의 힘이 센 곳은 경제만 보고 판단하면 타율이 낮아진다.

06
기업의 가치를 판단할 때 무엇을 봐야 할까?

넷플릭스에 〈빅쇼트The Big Short〉가 올라와 있다. 2008년 금융 위기 때 하락에 베팅해 큰돈을 번 이야기다. 나도 당시 비슷한 경험을 했다. 2006년 여름, 미국 로스앤젤레스에 있는 서브 프라임 모기지 회사를 인도, 네덜란드 등 다국적 동행인들과 방문한 적이 있다.

회사를 먼저 투어했는데 실적을 벽에 붙여 놓고 직원 간 실적 경쟁을 시키는 것을 봤다. 휴게실의 다트판에 간부들의 사진을 붙여놓고 평소 마음에 안 드는 상사를 표적으로 다트를 던지며 스트레스를 푸는 게 '미국스럽다'고 생각했다.

1시간 정도 회사를 투어하며 CEO의 자랑을 들어주니 저녁 초대를 받았다. 산 중턱에 있는 쿠바 스타일 레스토랑에서 CEO는 "작년에는 매출이 100억 달러대에 그쳤지만, 올해는 200억 달러의 모기지를 팔 것"이라고 활짝 웃으며 연신 건배 제의를 했다. CEO와 임원진 모두 자신감에 차 영업, 마케팅, 수익, 브로커 통제 등에 대해 말했다.

"우리는 모기지를 실행하면 장부에 남기지 않고 한 달 만에 다 팔아버린다. 그러면 매달 수익이 얼마가 생기는데 그만큼 회사가 빠르게 성장하고 있다."

그들은 초고속 성장을 자랑하면서도 위험 관리에 대해 한 번도 언급하지 않았다. 반면 회사의 최고위험관리자인 CRO Chief Risk Officer는 부스스한 모습에 세상 포기한 듯한 태도로 이렇게 말했다.

"나는 하는 일이 별로 없다. 대출 건이 너무 빠른 속도로 나를 지나가서 제대로 볼 시간도 없다."

저녁을 먹고 숙소로 돌아오는 데 동행한 네덜란드 유대인이 내게 물었다.

"저 회사 어때?"

나는 "5년 안에 망할 거 같은데!"라고 답했고 그는 '농담도 잘 하네' 하는 톤으로 웃었다. 나는 이날 서브 프라임 회사의 CEO와 CFO Chief Financial Officer, CRO 등과 이야기하면서 서브 프라임 모

302

기지 시장에 문제가 있다는 확신이 들었다. 서브 프라임 모기지 회사 중 5위였던 이 회사는 고객의 소득 등을 제대로 점검하지 않고 대출을 해준 뒤 바로 팔아버린 모기지 건으로 거액의 소송을 당했고 2년 만에 망했다.

미팅 약속을 하고 미국 투자회사 버크셔 해서웨이에 갔다. 워런 버핏이 있는 곳은 아니었고, 코네티컷주 스탬퍼드에 금융쪽 인력이 모여 있는 곳이었다. 현관에서 방문자 등록을 하고 기다리면서 둘러보니 건물 안의 시설들은 낡고 오래된 집기로 차 있었고, 임원들도 좁은 공간을 사용하고 있었다. 버크셔 해서웨이에서는 임원들이 실무자였고, 커피와 다과까지 직접 가지고 들어오는 업무형 조직의 끝판왕을 봤다.

오전 3시간 정도 미팅을 한 후 인도 출신의 기업인 아지트 자인 Ajit Jain이 점심 초대를 했다. 워런 버핏 바로 밑의 3명의 부회장 중 한 명이다. 10분쯤 이동해서 해변가 식당에서 맛없고 몸에 좋다는 지중해식 점심을 먹었다. 이때 아지트 자인은 워런 버핏의 후계자로 거론되며 어깨에 힘이 들어가 있었지만 이후 다른 부회장이 후계자가 되었다.

미팅 후 버크셔 해서웨이에 부동산 가격이 하락해서 손해가 나면 보상해주는 보험에 가입했다. 보험료를 매달 지불했는데 많이 낸 달은 한 달에 24억 원까지도 나왔고, 가입 후 2년 정도는 주택

가격이 계속 올라 헛돈 쓴 게 아니냐는 공격도 많이 받았다. 그러나 2008년 금융위기가 오면서 이 보험이 조직을 살렸다.

〈빅쇼트〉를 보고 과거를 돌아보니 나도 그때 워런 버핏에게 2,000억 원 좀 넘게 털었다. 내 돈은 아니라 회사 돈이고 버핏에게는 잔돈이겠지만. 이 영화를 한 번 보는 것을 추천한다. 내가 느낀 당시 분위기가 잘 표현되어 있고 내용도 흥미진진하다.

한국 상황이 점점 안 좋아지고 있다. 몇 년간 별다른 성과 없이 벌인 일들이 누적되어 있고 외부 상황도 타이밍이 좋지 않다. 과거 위기가 오기 전 강남의 눈치 빠르고 손 빠른 여사님들이 외치고 다녔던 "Cash is King!(현금이 최고다!)"이라는 말이 생각난다.

경영 전문 매거진 〈하버드 비즈니스 리뷰〉에서 이런 글을 읽은 적이 있다.

"기업은 매출을 늘리고 수익성을 높여 단계적으로 성장하는 게 아니다. 위험 관리를 제대로 못한 경쟁사가 내외부의 파도에 무너질 때 점프하듯이 성장한다."

▌메르의 인사이트

기업을 볼 때 '매출, 영업이익' 같은 기본 지표 외에도 '매출 구조가 견고한지, 단단한 성장인지, 재무는 안정적인지'도 주의 깊게 봐야 한다. 미국 연준의 급격한 금리 인상, 경기 침체 등 불안정한 외부 환경에 버티지 못하고 사라지는 기업이 속출할 때 살아남는 기업은 점프하듯이 성장하고, 주식 가치도 같이 움직일 것이다.

07
세상은 그물처럼
연결되어 있다

우리 몸은 산소, 탄소, 수소, 질소 등으로 구성되어 있다. 질소는 단백질을 형성하는 아미노산의 구성요소이고, 핏속의 산소를 운반하는 헤모글로빈에도 들어 있다. 사람은 식물 또는 식물을 먹고 자란 가축의 고기 등에서 질소를 섭취하고, 식물은 비와 토양에서 질소를 얻는다.

공기의 78%가 질소다. 질소가 이렇게 많지만, 질소 원자가 강하게 결합되어 있어서 이것을 끊어내 사용할 수 있게 만들기 어려운 것이 문제다. 2개의 질소 원자를 전기로 끊어내려면 강한 전류와 압력 등이 필요하다. 번개가 치면 번개 에너지가 결합된 질소 원자들을 끊어내고, 끊긴 질소들이 대기 중에 머물다 비에 섞여 땅으로 내려온다. 빗물에는 질소가 포함되어 있는 경우가 많아 빗물이 물보다 식물에 좋은 이유다.

땅속의 특수한 박테리아도 질소를 분해할 수 있다. 과거 산을 푸르게 한다고 식목일에 아카시 나무를 많이 심었다. 키워봐야 쓸모도 없고 외래종인 아카시 나무를 심는 이유는 산을 푸르게 보이려는 전시행정이 아니냐는 말도 나온 적이 있다.

하지만 녹화사업은 산림이 자연스럽게 성장할 수 있는 토대를 마련해주기 위한 과정으로, 당시의 척박한 토질 환경에는 불가피한 측면이 있었다. 아카시 나무의 경우 뿌리혹박테리아의 질소 고정으로 척박한 땅을 비옥하게 만드는 나무였던 것이다.

토양 박테리아나 어쩌다 생기는 번개에서 발생하는 자연산 질소는 좁은 면적에 많은 곡물을 연이어 재배하는 농업에는 충분하지 않다. 토양의 질소는 매년 계속되는 곡물 재배로 부족해지고, 질소가 부족하면 잎이 노랗게 변하는 등 작물이 제대로 성장하지 못하는 것이다.

질소 비료는 1913년 독일 화학자 프리츠 하버Fritz Haber가 대기의 80%를 차지하는 질소에서 암모니아를 합성하는 방법을 개발해 전기만 충분하면 대량으로 생산할 수 있게 되었다. 독일 화학기업 바스프는 하버 공정을 상용화해서 질소비료를 생산했고, 하버

공정으로 만들어진 질소비료는 4배의 곡물 경작을 가능하게 만들었다. 하버는 질소비료 개발로 노벨상을 탔다.

2020년 레바논의 베이루트 항구에서 초대형 폭발사고가 나 217명이 사망하고 수천 명이 부상한 사고가 생겼다. 창고에 보관되어 있던 3000t의 질산암모늄이 화재에 폭발한 것이다. 비료를 만들기 위해 질소의 결합을 끊으려면 엄청난 압력과 고온이 필요한데, 이와 반대로 질소 원자가 만나서 결합을 하면 거대한 에너지가 분출되는 것이다.

하버는 제1차 세계대전에서 독일군을 위해 질소비료로 폭발물로 만들었고, 염소가스까지 개발해서 독일군에 제공했다. 염소가스는 공기보다 2.5배 무거워 참호 속에 있는 적군을 공격할 수 있다. 이 가스를 마시면 폐부종이 되어, 폐에 물이 찬 병사들이 익사하는 것과 비슷한 모습으로 사망하는 치명적인 화학가스였다. 하버의 염소가스는 제1차 세계대전 때 연합군 사망자를 10만 명 이상 만드는 위력을 발휘했지만, 제1차 세계대전은 독일의 패배로 끝났다. 유대인이었던 하버는 제1차 세계대전 후에도 공장을 운영하며 부를 누리는 듯했지만, 히틀러가 집권하면서 재산을 뺏기고 심장마비로 사망한다.

질소는 북한에서도 문제를 일으켰다. 김일성은 옥수수를 곡식의 왕이라고 부르며 북한 전역을 옥수수밭으로 만드는 주체농법을 밀어붙였다. 주체농법이란 거름이 많은 부식토에 옥수수알을 키운 뒤 싹이 나면 밭에 옮겨 심어서 효율을 높이는 방법이다. 부식토에 난 수많은 싹을 모두 옮겨 심기 위해 웬만한 산의 나무를 다 베어버리고 옥수수밭을 만들었다. 옥수수는 생산량이 엄청난 반면 지력 소모도 크다는 단점이 있다. 같은 땅에 옥수수 농사를 계속하려면 엄청난 양의 비료가 필요하다는 말이다.

척박한 한반도 산악지대에 지력을 소모하는 옥수수를 빽빽하게 심어 몇 년 지나지 않아 문제가 생겼다. 산을 깎아 계단밭을 만들어 옥수수를 심다 보니 비가 왔을 때 물을 저장하는 나무들이 사라져 지하수가 고갈되었고, 뿌리로 흙을 잡아주는 나무들이 사라지자 산사태가 쉽게 일어났다.

북한에 큰비가 왔고 몇 번의 산사태가 석탄을 캐는 주력 탄광들을 덮쳤다. 큰 탄광들이 산사태에 매몰되자 석탄을 원하는 만큼 캘 수 없게 되었고, 석탄이 제대로 공급되지 않아 석탄을 연료로 하는 화력발전소를 제대로 가동할 수 없었다.

전기를 만드는 화력발전소가 제대로 가동되지 않자 전력이 부족해졌다. 전력이 부족해지면서 전기로 가는 전철이 멈춰 섰다. 전철을 가동할 수 없게 되자 광산에서 석탄을 캐도 화력발전소로 옮길 수 없었다. 화력발전소는 석탄이 없어 전기를 만들지 못했고, 탄광은 갱도식이라 전기가 없어 발전기가 멈추면 갱도에 지하수가 차버리니 가동을 하지 못해 화력발전소에 공급할 석탄이 더 부족해져 나라 전체가 악순환에 빠져버렸다. 석탄이 없어 화력발전소가 돌아가지 못해 전기가 끊겼고, 전기가 있어야 생산되는 질소비료 생산도 중단되었다.

옥수수 밀식으로 지력이 상했는데 지력을 회복시킬 수 있는 질소비료 생산까지 중단되자 북한의 농업생산은 빠르게 줄어들었다. 북한의 인구가 먹고살려면 연간 500만t의 곡식이 필요하다. 1990년까지 옥수수만 390만t까지 생산되어 감자나 쌀 등 나머지 곡식과 같이 잘 나눠 준다면 인민이 굶지 않는 생산량이 나왔다.

하지만 김일성이 주체농법을 밀어붙이는 바람에 1996년부터 390만t까지 생산되던 옥수수가 98만t으로 떨어져 쌀이나 감자 등과 합쳐봤자 180만t밖에 나오지 않게 된 것이다. 1996년부터 2000년까지 200만 명이 굶어 죽었는데 이것을 '고난의 행군'이라고 부른다. 이 일은 북한이 본격적으로 가난해지기 시작한 계기가 되었다.

인광석의 발견과 흥망성쇠

식물 성장에는 질소, 인산, 칼륨 3가지가 중요하다. 질소뿐만 아니라 인산도 문제가 되었다. 18세기 아프리카는 유럽 열강의 식민지 확보 전쟁터였다. 1884년 포르투갈의 중재로 유럽 열강이 독일 베를린에 모여 일명 '아프리카 나눠 먹기' 회담을 했고, 2년의 협상을 거쳐서 최종 합의안이 나왔다. 당시 유럽의 언론들은 이 회담을 베를린 회담이라고 부르며 "백인끼리 총칼로 싸우지 않고 대화를 통해 아프리카 주요 지역에 경계선을 그은 인간애의 승리"라고 극찬했지만, 아프리카의 원주민들은 이들의 고려 대상이 아니었다.

다양한 부족으로 구성된 아프리카 원주민의 분포와 무관하게 일직선으로 그어진 국경이 현재까지 분쟁의 발단이 되고 있다. 스페인은 베를린 회담에서 서사하라 지역을 분배받아 군대를 보내 점령했다. 프랑스의 식민지인 알제리, 모로코, 모리타니 등으로 둘러싸인 아프리카 서쪽 해안 지역이 스페인 식민지가 된 것이다.

서사하라 지역에는 원주민인 사흐라위 부족이 살고 있었다. 스페인이 사흐라위 부족을 국가로 인정하지 않자, 사흐라위 부족 주도로 서사하라 독립 무장단체인 폴리사리오Polisario 전선이 만들어졌다. 폴리사리오 전선은 사하라 아랍 민주공화국을 만들어서 일부 지역을 점령했고, 나머지도 모두 돌려달라고 하는 중이다.

모로코는 모로코 장벽이라고 부르는 거대한 모래 장벽을 쌓으며 점령 지역을 유지하고 있다. 인광석 등 서사하라의 천연자원을 포기할 수 없기 때문이다.

인은 동물뿐만 아니라 식물에도 필수적인 물질이다. 인에 산소 분자가 결합한 것이 인산염으로 인산 비료의 원료가 된다. 인산염이 없으면 세계의 곡물 생산량은 반 토막이 날 것으로 판단할 정도로 중요한 비료다.

인산염은 전기만 있으면 만들 수 있는 질소와 달리, 천연 인광석으로 만드는 한정적인 자원이라는 차이가 있다. 인광석은 매장지가 몇 개 국가에 편중되어 있다. 미국 지질 조사국에 따르면 전 세계의 인광석이 685억t 정도로 추정되는데, 이중 500억t 이상이 모로코와 서사하라 해안지역에 집중되어 있는 것이다.

모로코의 수출품목은 인광석이 주력이다. 모로코의 상위 10대 수출품목 중 1위가 비료, 5위가 인산, 8위가 인산염으로, 모로코는 인광석으로 경제가 돌아가는 나라다. 인광석 가격이 오르면 모로코 경제에 큰 도움이 되는데, 인광석 매장지 상당 부분이 서사하라에 있어 포기할 수 없는 상황인 것이다.

인광석은 오래된 새똥이다. 태평양 한가운데 있는 나우루섬이 유명해진 적이 있다. 바닷새 앨버트로스가 넓은 태평양을 이동하면서 중간 기착지인 나우루섬에서 쉬는데 이곳에 앨버트로스가

싸는 새똥이 쌓였다. 앨버트로스를 비롯한 태평양을 오가는 새들이 머물다 가면서 수천 년간 싼 똥이 모여 산호초와 반응해서 인광석이 된 것이다. 인광석은 동물의 똥이 오랜 시간 축적되어 만들어지는 광물질로, 이것을 조금 섞으면 농사가 2배 이상 잘되는 마법의 돌가루다. 잉카제국이 척박한 돌산에서도 농사를 하며 살아갈 수 있었던 비밀도 인광석을 농사에 활용했기 때문이다.

나우루섬은 1789년 유럽인들에게 발견되어, 독일-일본-호주의 식민지 기간을 거쳐서 1968년 독립했다. 울릉도의 3분의 1 크기의 작은 섬으로, 섬 하나가 국가의 전체 영토이며 8000명 정도 되는 원주민이 살고 있었다.

나우루가 호주로부터 독립해 국가가 되자, 호주는 인광석 채굴 대금을 나우루에 지불했고 나우루에 큰돈이 들어오기 시작한다. 인광석 채굴은 단순히 땅을 파 내려가면 되는 쉬운 작업이었다.

1980년 한국 1인당 국민소득은 2,000달러가 안 되고, 잘살던 일본이 1만 달러 정도였다. 그 당시 나우루 원주민의 소득은 3만 5,000달러를 넘었다. 나우루 정부는 인광석 수입을 8000명 정도 되는 전 국민에게 분배했고 나우루 국민은 흥청망청 소비하기 시작했다.

매년 가구별 기본소득으로 1억 원 정도를 지급했다. 집을 무상으로 지어주고, 전기, 수도 등도 모두 무료로 제공했다. 나우루 원주민들은 넘치는 돈을 쓸데가 없어, 도로도 제대로 없는 자그마한 섬에 집마다 롤스로이스, 람보르기니 등 고급차를 몇 대씩 구입했고, 외국인 노동자를 고용해 집안일을 시키며 공무원까지 모두 외국인을 고용했다.

1990년이 되자 나우루에 인광석이 점점 줄어들었다. 인광석은 고갈되어 가는데, 국토의 80%가 인광석을 채굴한다고 황폐화되어 농사도 지을 수 없는 땅이 되었다. 원주민 역시 놀고먹는 것 외에는 할 줄 아는 게 없었다. 1980년대 3만 5,000달러까지 올랐던 국민소득은 2,500달러까지 떨어지며 1인당 국민소득 세계 177위의 극빈국이 되었다.

현재 나우루 국민의 주 수입은 관광과 투표권 판매다. 롤스로이스, 람보르기니 같은 고급차가 폐차로 버려진 풍경을 관광하는 관광상품이 마니아들의 관심을 받고 있다. UN의 투표권도 판매한다. 나우루도 UN 회원국이라 1표를 가지고 있어 UN에서 1표를 얻기 위해 원조를 주는 경우가 있어 쏠쏠한 수입이 되고 있다.

중국의 인광석과 2차 전지

인광석은 주로 새똥이 수천 년간 화학작용을 일으켜 만들어지는 광물이라 부존량에 한계가 있다. 미국 지질조사국에 따르면 중국에도 인광석이 30억t이 있다. 중국의 인광석 매장량은 그렇게 많지 않지만, 전 세계 인광석의 54%를 생산하고 있다.

중국 통계국의 수치에 따르면, 2021년 중국의 인광석 생산량은 8500만t이었고, 2022년에는 1억 2000만t을 넘어갔다. 중국이 생산한 인광석의 71%는 비료 생산에 쓰였고, 배터리에 인광석 사용이 점점 늘어나고 있다.

인광석이 필요한 배터리는 중국이 주력으로 생산하는 리튬인산철 배터리다. 1GWh의 리튬인산철 배터리를 생산하려면 2500t 정도의 리튬인산철 양극재가 필요하고, 1t의 리튬인산철 양극재를 생산하기 위해서는 4.3t의 인광석이 필요하다. 하지만 중국산 인광석은 19% 정도밖에 함량이 나오지 않는 저품위 인광석이라 모로코 등 다른 나라보다 훨씬 많은 인광석을 채굴해야 비슷한 광물을 확보할 수 있다.

현재 전 세계 인광석의 절반 정도를 중국이 공급하고 있지만, 총 매장량이 30억t에 불과한데 매년 1억t 이상을 캐내고 있어 곧 한계를 보일 것이다. 매장량은 한정적인데 전기차 배터리 수요는 빠르게 늘어나 가격이 계속 오르는 중이다. 2차 전지에 관심이 있다면 인광석도 모니터링해야 하는 광물이다.

1%를 읽는 힘

1판 1쇄 발행 2023년 9월 4일
1판 5쇄 발행 2024년 10월 28일

지은이 메르
발행인 오영진 김진갑
발행처 토네이도미디어그룹(주)

책임편집 박수진
기획편집 유인경 박민희 박은화
디자인팀 안윤민 김현주 강재준
교정교열 오현미
마케팅 박시현 박준서 김예은 김수연
경영지원 이혜선

출판등록 2006년 1월 11일 제313-2006-15호
주소 서울시 마포구 월드컵북로5가길 12 서교빌딩 2층
원고 투고 및 독자 문의 midnightbookstore@naver.com
전화 02-332-3310 팩스 02-332-7741
블로그 blog.naver.com/midnightbookstore
페이스북 www.facebook.com/tornadobook
인스타그램 @tornadobooks

ISBN 979-11-5851-276-7 (03320)

토네이도는 토네이도미디어그룹(주)의 자기계발/경제경영 브랜드입니다.